广东省普通高校优秀青年创新人才培养计划项目资助（2012WYM-0052）

吕君忾粤语吟诵遗音录

吴晓蔓 编

南京大学出版社

图书在版编目（CIP）数据

吕君忾粤语吟诵遗音录 / 吴晓蔓编. -- 南京：南京大学出版社, 2022.7
　ISBN 978-7-305-25772-8

　Ⅰ.①吕… Ⅱ.①吴… Ⅲ.①古典诗歌—朗诵—研究—中国 Ⅳ.①H119

中国版本图书馆CIP数据核字（2022）第089732号

出版发行	南京大学出版社
社　　址	南京市汉口路22号　　邮编 210093
网　　址	http://www.NjupCo.com
出 版 人	金鑫荣

书　　名	吕君忾粤语吟诵遗音录
编　　者	吴晓蔓
责任编辑	李晨远　　编辑热线 025-83594071

照　　排	南京紫藤制版印务中心
印　　刷	徐州绪权印刷有限公司
开　　本	718×1000　1/16　印张 17　字数 236千
版　　次	2022年7月第1版　2022年7月第1次印刷

ISBN 978-7-305-25772-8

定　　价	76.00元（含光盘）

网　址：http://www.njupco.com
官方微博：http://weibo.com/njupco
官方微信号：njupress
销售咨询热线：（025）83594756

＊ 版权所有，侵权必究
＊ 凡购买南大版图书，如有印装质量问题，请与所购
　 图书销售部门联系调换

目 录

前 言 / 1
粤语吟诵《白香词谱》一百例 / 5

1. 忆江南 怀旧 / 7
2. 捣练子 秋闺 / 8
3. 忆王孙 春词 / 9
4. 调笑令 宫词 / 10
5. 如梦令 春景 / 11
6. 长相思 别情 / 12
7. 相见欢 秋闺 / 13
8. 醉太平 闺情 / 15
9. 生查子 元夕 / 16
10. 昭君怨 春怨 / 17
11. 点绛唇 闺情 / 19
12. 菩萨蛮 闺情 / 20
13. 卜算子 别意 / 21
14. 减字木兰花 春情 / 23
15. 丑奴儿 春暮 / 24
16. 谒金门 春闺 / 26
17. 诉衷情 眉意 / 27
18. 好事近 初夏 / 29
19. 忆秦娥 秋思 / 31

20. 更漏子 本意 / 33
21. 荆州亭 题柱 / 35
22. 清平乐 晚春 / 37
23. 误佳期 闺怨 / 38
24. 阮郎归 春景 / 40
25. 画堂春 本意 / 42
26. 摊破浣溪沙 秋恨 / 44
27. 人月圆 有感 / 45
28. 桃源忆故人 冬景 / 47
29. 眼儿媚 秋闺 / 49
30. 贺圣朝 留别 / 51
31. 柳梢青 纪游 / 53
32. 西江月 佳人 / 55
33. 惜分飞 本意 / 57
34. 南歌子 闺情 / 59
35. 醉花阴 重九 / 60
36. 浪淘沙 怀旧 / 62
37. 鹧鸪天 别情 / 64
38. 虞美人 感旧 / 66

39. 南乡子 春闺 / 68
40. 鹊桥仙 七夕 / 70
41. 一斛珠 美人口 / 72
42. 踏莎行 春暮 / 74
43. 临江仙 妓席 / 76
44. 蝶恋花 春景 / 78
45. 一剪梅 春思 / 80
46. 河传 赠妓 / 82
47. 渔家傲 秋思 / 84
48. 苏幕遮 怀旧 / 86
49. 锦缠道 春游 / 88
50. 青玉案 春暮 / 90
51. 感皇恩 别情 / 92
52. 解佩令 题词 / 94
53. 天仙子 送春 / 96
54. 千秋岁 夏景 / 98
55. 离亭燕 怀古 / 100
56. 河满子 秋怨 / 102
57. 风入松 春情 / 105
58. 祝英台近 春晚 / 107
59. 御街行 离怀 / 110
60. 蓦山溪 别意 / 112
61. 洞仙歌 夏夜 / 115
62. 潇湘夜雨 灯花 / 117
63. 满江红 金陵怀古 / 120
64. 玉漏迟 咏怀 / 123
65. 水调歌头 中秋 / 126
66. 满庭芳 春游 / 129
67. 凤凰台上忆吹箫 别情 / 132
68. 烛影摇红 惜春 / 134
69. 暗香 咏红豆 / 137
70. 声声慢 秋情 / 140
71. 双双燕 本意 / 142
72. 昼夜乐 忆别 / 145
73. 琐窗寒 寒食 / 149
74. 瑶台聚八仙 寄兴 / 152
75. 陌上花 有怀 / 154
76. 解语花 元宵 / 158
77. 换巢鸾凤 春情 / 161
78. 念奴娇 石头城 / 164
79. 东风第一枝 忆梅 / 167
80. 庆春泽 记恨 / 170
81. 桂枝香 金陵怀古 / 173
82. 翠楼吟 美人魂 / 176
83. 瑞鹤仙 风怀 / 179
84. 水龙吟 白莲 / 182
85. 齐天乐 蟋蟀 / 184
86. 雨霖铃 秋别 / 187
87. 喜迁莺 咏闰元宵 / 190
88. 绮罗香 红叶 / 194

89.永遇乐 绿阴 /197

90.南浦 春暮 /201

91.望海潮 凯旋舟次 /204

92.夺锦标 七夕 /207

93.薄幸 春情 /210

94.疏影 梅影 /214

95.过秦楼 秋夜 /217

96.沁园春 有感 /220

97.摸鱼儿 送春 /224

98.贺新郎 春闺 /228

99.春风袅娜 游丝 /231

100.多丽 西湖 /235

附录:古典诗词粤语吟诵研究 /239

  分春馆粤语吟诵的基本规律 /241

  粤语吟诵的风格特色——以吕君忾先生为例 /249

  论分春馆粤语吟诵对词韵拖腔的处理 /259

前 言

"吟诵，是一种介于诵读与唱歌之间的汉文古典文学作品口头表现艺术方式。"①是中国传统的读书法，也是宝贵的非物质文化遗产。在中国传统的私塾与学堂中，一直用吟诵的方式教习古典诗文，直至近代新式学堂引入了西方的朗诵，传统吟诵方日渐式微。

我国幅员辽阔，各地对古典诗词的吟诵各有特色。长江以南几大方言区皆保留有入声，以吴音、闽音、湘音、粤音吟诵诗词的流派皆有传承，而粤语吟诵为传统吟诵的重要流派之一。

虽然在全国各地流派众多，但是所有的传统吟诵都必须遵循两个基本规律：在音调高低方面遵循"依字行腔"的原则，在节奏长短方面遵循"因声使气"的原则。所谓"依字行腔"，就是依照汉字的平仄声调来行吟诵之腔，根据不同方言的语音特点具体表现为"平低仄高"或者"平高仄低"的现象。所谓"因声使气"，就是因由汉字的平仄声调来使吟诵之气，决定其节奏的变化，具体表现为"平长仄短"的规律。

岭南地区诗词吟诵的传统源远流长。西汉时期，粤人张买、杨孚等侍游，以诗讽咏之声已直达天子之耳。殆至六朝唐宋，其风浸盛。

---

① 秦德祥：《吟诵音乐》，北京：中国文联出版社，2002年10月，15页。

近代粤语吟诵之法则始自道光举人、音韵学家、番禺人陈澧。陈澧传弟子黄元直，师徒皆以吟诵为能事。粤语吟诵之发展当属岭南词学家陈洵，于中山大学文学院讲授诗词，深得讽咏之旨。粤语吟诵的传承和推广者是岭南词人、词学理论家、分春馆主人朱庸斋先生，吸收粤曲中的拖腔之法，丰富吟诵的技巧，使之更具音乐美，更易为听者接受。分春馆弟子蔡国颂、吕君忾、郭应新、陈永正、张桂光及再传弟子黎荣坤、张思、曾秀琼、郑敏华等，皆得其真传。时至今日，分春馆第一代传人吕君忾先生已辞世，陈永正、张桂光等先生已年届耄耋，故开展抢救性的采录与系统性的研究显得尤为迫切。

分春馆粤语吟诵基本遵循中国传统吟诵的两个规律，但由于粤语方言自身的一些特点，又呈现出不少细节上的差异与特色。首先，在音调的高低上。粤语（广州话）共有九个声调，阴平和阳平分别是其中的最高值和最低值，其他的七个声调只是在这个区域之间波动，或者与之相平。因此，粤语方言并没有"平低仄高"或者"平高仄低"的说法，而是具有平仄互分高低的现象。使用粤语方言的吟诵在音调高低的处理上便保留了本土语言的特殊性。分春馆粤语吟诵以"平声定音法"确定平声字的音调，在押平韵的诗词中，最低音阳平以 C 调 5 定音，最高音阴平以 2 定音；在押仄韵的诗词中，最低音阳平以 C 调 3 定音，最高音阴平以 3 定音。其他上、去、入各仄声采取自然发声法，不须强行匹配乐音。其次，在节奏的长短上。除了遵循"平长仄短"的规律之外，分春馆粤语吟诵对于节奏点的划分也与文辞的意义紧密结合，根据文辞的不同结构有各种灵活的处理方式。

吕君忾（1939—2020）号无斋，为朱庸斋嫡传弟子，承传为分春馆掌门人，中山大学中国古文献研究所特聘研究员，广州诗社副社长，中华吟诵学会副会长，教育部部聘吟诵专家（九位）成员之一，粤语吟诵的承传人和拓展者。本书抢救性地采录了吕君忾先生以粤语吟诵清人舒梦兰《白香词谱》一百例的音频资料，在此基础上将国际音标、音调与节拍符号相结合，形成吟诵基本调的文本记录，探索吟诵音频的文本记录方式，便于粤语吟诵的研究与传承。凡例如下：

2	5̇	5̇			5̇	5̇	（音调）
车	如	流	水	马	如	龙。	（例词）
tse1	jy4	lau4	soey2	maa5	jy4	lung4	（粤语读音）
平	平	平	仄	仄	平	平	（平仄）
\	\/-	\	\	\	\	~~	（节拍）

1.例词文本之下，以国际音标注明粤语读音。音标后所带数字为粤语声调，具体情况可参考下表：

声调标号	1	2	3	4	5	6	7	8	9
声调种类	阴平	阴上	阴去	阳平	阳上	阳去	阴入	中入	阳入
例字	分	粉	训	焚	奋	份	忽	发	罚
国际音标	fan1	fan2	fan3	fan4	fan5	fan6	fat7	faat8	fat9

2.粤语读音之下，标注每字平仄。

3.例词文本之上，标注平声字音调。在押平韵的词句中，阳平以C调5定音，阴平以2定音；在押仄韵的词句中，阳平以C调3定音，阴平以3定音。其他上、去、入各仄声采取自然发声法，不须标注音调。平仄转换格和平仄错叶格中的特殊情况则在例词下以按语说明。

4.平仄之下，标注节拍。每字半拍，以"\"标注；若单个平声字构成节奏点，则拖长半拍，以"\/"标注；在两字或三字的节奏点中，若末字为平声则拖长一拍，以"\/-"标注。平声韵脚以"~~"标注，仄声韵脚以"〜〜"标注。平韵不拖腔者以"~"标注，仄韵不拖腔者以"〜"标注，叠韵、入声韵脚不拖腔等特殊情况则在例词下以按语说明。

粤语吟诵《白香词谱》一百例

1. 忆江南 怀旧

[南唐] 李煜

2　　　　　　　　　　　　　　5̇　2
多　少　恨，昨　夜　梦　魂　中。
do1　siu2　han6　dzok9　je6　mung6　wan4　dzung1
平　仄　仄　仄　仄　仄　平　平
\　\　\　\　\　\　\　~~

5̇　　　　　5̇　5̇
还　似　旧　时　游　上　苑，
waan4　tsi5　gau6　si4　jau4　soeng6　jyn2
平　仄　仄　平　平　仄　仄
\　\　\　V-　V　\　\

2　5̇　5̇　　　　5̇　5̇
车　如　流　水　马　如　龙。
tse1　jy4　lau4　soey2　maa5　jy4　lung4
平　平　平　仄　仄　平　平
\　V-　\　\　\　\　~~

2　　　　2　2
花　月　正　春　风。
faa1　jyt9　dzing3　tsoen1　fung1
平　仄　仄　平　平
\　\　\　\　~~

《忆江南》，二十七字，五句，三平韵。

2. 捣练子 秋闺

[南唐] 李煜

2　　　　　　　　5·　2
深　院　静，小　庭　空。
sam1　jyn6　dzing6　siu2　ting4　hung1
平　仄　仄　仄　平　平
\　\　\　\　\　~~

　　　　　5·　2　　　　　2
断　续　寒　砧　断　续　风。
dyn6　dzuk9　hon4　dzam1　dyn6　dzuk9　fung1
仄　仄　平　平　仄　仄　平
\　\　\　v-　\　\　~~

5·　　　　5·　5·
无　奈　夜　长　人　不　寐，
mou4　noi6　je6　tsoeng4　jan4　bat7　mei6
平　仄　仄　平　平　仄　仄
\　\　\　v-　v　\　\

　　　2　　　　　　　5·　5·
数　声　和　月　到　帘　栊。
sou3　sing1　wo6　jyt9　dou3　lim4　lung4
仄　平　仄　仄　仄　平　平
\　v-　\　\　\　\　~~

《捣练子》，二十七字，五句，三平韵。

3.忆王孙 春词

[宋] 李重元

```
 2    2    2         5̇   2
萋   萋   芳   草   忆   王   孙。
tsai1 tsai1 fong1 tsou2 jik7 wong4 syn1
 平   平   平   仄   仄   平   平
 \   V-   \    \    \    \   ~~
```

```
           5̇   2    2        5̇
柳   外   楼   高   空   断   魂。
lau5 ngoi6 lau4 gou1 hung1 dyn6 wan4
 仄   仄   平   平   平   仄   平
 \    \    \   V-   \    \   ~~
```

```
           2    2         5̇
杜   宇   声   声   不   忍   闻。
dou6 jy5  sing1 sing1 bat7 jan2 man4
 仄   仄   平   平   仄   仄   平
 \    \    \   V-   \    \   ~~
```

```
      5̇   2         5̇   2    2         5̇
欲   黄   昏。  雨   打   梨   花   深   闭   门。
juk9 wong4 fan1 jy5 daa2 lei4 faa1 sam1 bai3 mun4
 仄   平   平   仄   仄   平   平   平   仄   平
 \    \   ~~   \    \    \    \   V-   \   ~~
```

《忆王孙》,三十一字,五句,五平韵。

4. 调笑令 宫词
[唐] 王建

3̇	3̇	3̇	3̇	3̇				
团	扇。	团	扇。	美	人	并	来	遮 面。
tyn4	sin3	tyn4	sin3	mei5	jan4	bing6	loi4	dze1 min6
平	仄	平	仄	仄	平	仄	平	平 仄
\	⌣	\	⌣	\	∨-	\	∨-	\ ⌣⌣

5̇	5̇		2	5̇	
玉	颜	憔	悴	三	年。
juk9	ngaan4	tsiu4	soey6	saam1	nin4
仄	平	平	仄	平	平
\	∨-	\	\	\	⌣⌣

5̇	2	5̇		5̇	
谁	复	商	量	管	弦。
soey4	fuk9	soeng1	loeng4	gun2	jin4
平	仄	平	平	仄	平
\	\	\	∨-	\	⌣⌣

3	3	3	3	3̇				
弦	管。	弦	管。	春	草	昭	阳	路 断。
jin4	gun2	jin4	gun2	tsoen1	tsou2	tsiu1	joeng4	lou6 dyn6
平	仄	平	仄	平	仄	平	平	仄 仄
\	⌣	\	⌣⌣	\	\	\	∨-	\ ⌣⌣

《调笑令》，三十二字，四仄韵，二平韵，二叠句叠韵。叠韵不拖腔者以⌣标注。

5. 如梦令 春景

[宋] 秦观

3		3		3	
莺	嘴	啄	花	红	溜。
ang1	dzoey2	doek8	faa1	hung4	lau6
平	仄	仄	平	平	仄
\	\	\	V-	\	⌣

		3			
燕	尾	点	波	绿	皱。
jin3	mei5	dim2	bo1	luk9	dzau3
仄	仄	仄	平	仄	仄
\	\	\	V-	\	⌣

			3	3	
指	冷	玉	笙	寒，	
dzi2	laang5	juk9	sang1	hon4	
仄	仄	仄	平	平	
\	\	\	\	V-	

3			3	3	
吹	彻	小	梅	春	透。
tsoey1	tsit8	siu2	mui4	tsoen1	tau3
平	仄	仄	平	平	仄
\	\	\	V-	\	⌣⌣

3.		3.		3.		3.	3.	
依	旧。	依	旧。	人	与	绿	杨 俱	瘦。
ji1	gau6	ji1	gau6	jan4	jy5	luk9	joeng4 koey1	sau3
平	仄	平	仄	平	仄	仄	平 平	仄
\	⌣	\	⌣	\	\	\	V- \	⌣⌣

《如梦令》，三十三字，五仄韵，一叠句叠韵。叠韵不拖腔者以⌣标注。

6. 长相思 别情

[唐] 白居易

		5.		5.	
汴	水	流。	泗	水	流。
bin6	soey2	lau4	si3	soey2	lau4
仄	仄	平	仄	仄	平
\	\	~	\	\	~

5.	2	2		5.	
流	到	瓜	洲	古	渡 头。
lau4	dou3	gwaa1	dzau1	gu2	dou6 tau4
平	仄	平	平	仄	仄 平
\	\	\	V-	\	\ ~

5.	2		5.		
吴	山	点	点	愁。	
ng4	saan1	dim2	dim2	sau4	
平	平	仄	仄	平	
\	V-	\	\	~~	

	5·	5·		5·	
思	悠	悠。	恨	悠	悠。
si3	jau4	jau4	han6	jau4	jau4
仄	平	平	仄	平	平
\	\	~	\	\	~

		2	5·	2		2
恨	到	归	时	方	始	休。
han6	dou3	gwai1	si4	fong1	tsi2	jau1
仄	仄	平	平	平	仄	平
\	\	\	V-	\	\	~~

	5·	5·		5·	
月	明	人	倚	楼。	
jyt9	ming4	jan4	ji2	lau4	
仄	平	平	仄	平	
\	V-	\	\	~~	

《长相思》，双调三十六字，上下片各三平韵，一叠韵。不拖腔者以~标注。

7. 相见欢 秋闺

[南唐] 李煜

5·	5·			2	5·		5·	2
无	言	独	上	西	楼。	月	如	钩
mou4	jin4	duk9	soeng5	sai1	lau4	jyt9	jy4	ngau1
平	平	仄	仄	平	平	仄	平	平
\	V-	\	\	\	~~	\	\	~~

		5̇	5̇		2		2	2
寂	寞	梧	桐	深	院	锁	清	秋。
dzik9	mok9	ng4	tung4	sam1	jyn6	so2	tsing1	tsau1
仄	仄	平	平	平	仄	仄	平	平
\	\	\	V-	\	\	\	\	~~

				5̇			5̇	5̇
剪	不	断。	理	还	乱。	是	离	愁。
dzin2	bat7	dyn6	lei5	waan4	lyn6	si6	lei4	sau4
仄	仄	仄	仄	平	仄	仄	平	平
\	\	⌣	\	\	⌣	\	\	~~

			2	2			2	5̇
别	是	一	般	滋	味	在	心	头。
bit9	si6	jat7	bun1	dzi1	mei6	dzoi6	sam1	tau4
仄	仄	仄	平	平	仄	仄	平	平
\	\	\	V-	\	\	\	\	~~

《相见欢》，双调三十六字，上片三平韵，下片二仄韵，二平韵。仄韵句以平韵格定调，仄韵不拖腔者以⌣标注。

8. 醉太平 闺情

[宋] 刘过

5.	2		2	5.	5.		2
情	高	意	真。	眉	长	鬓	青。
tsing4	gou1	ji3	dzan1	mei4	tsoeng4	ban3	tsing1
平	平	仄	平	平	平	仄	平
\	\	\	~	\	V-	\	~

	5.	5.		5.	2
小	楼	明	月	调	筝。
siu2	lau4	ming4	jyt9	tiu4	dzang1
仄	平	平	仄	平	平
\	V-	\	\	\	~~

	2	2		2	
写	春	风	数	声。	
se2	tsoen1	fung1	sou3	sing1	
仄	平	平	仄	平	
\	\	V-	\	~~	

2	2		2	5.	2		5.
思	君	忆	君。	魂	牵	梦	萦。
si1	gwan1	jik7	gwan1	wan4	hin1	mung6	jing4
平	平	仄	平	平	平	仄	平
\	\	\	~~	\	V-	\	~~

```
      2     2           5    5
    翠    绡    香    暖    云    屏。
   tsoey3 siu1 hoeng1 nyn5 wan4 ping4
    仄    平    平    仄    平    平
    \    V-    \    \    \    ~~


           5    2         2
    更    那    堪    酒    醒。
   gang3  no4  ham1 dzau2 sing1
    仄    平    平    仄    平
    \    \    V-    \    ~~
```

《醉太平》，双调三十八字，八平韵。不拖腔者以~标注。

9. 生查子 元夕

[宋] 欧阳修

```
     3    3         3    3         3    3         3    3
    去   年   元   夜   时， 花   市   灯   如   昼。
   hoey3 nin4 jyn4 je6  si4  faa1 si5 dang1 jy4 dzau3
    仄   平   平   仄   平   平   仄   平   平   仄
    \   V-   \   \   V-   \   \   \   \   ⌣


         3    3    3         3    3
    月   上   柳   梢   头， 人   约   黄   昏   后。
   jyt9 soeng5 lau5 saau1 tau4 jan4 joek8 wong4 fan1 hau6
    仄   仄   仄   平   平   平   仄   平   平   仄
    \   \   \   \   \   V-   \   \   \   ⌣⌣
```

3	3	3	3			3	3		
今	年	元	夜	时，	月	与	灯	依	旧。
gam1	nin4	jyn4	je6	si4	jyt9	jy5	dang1	ji1	gau6
平	平	平	仄	平	仄	仄	平	平	仄
\	V-	\	\	V-	\	\	\	\	⌣

			3	3			3	3	
不	见	去	年	人，	泪	湿	春	衫	袖。
bat7	gin3	hoey3	nin4	jan4	loey6	sap7	tsoen1	saam1	dzau6
仄	仄	仄	平	平	仄	仄	平	平	仄
\	\	\	\	V-	\	\	\	\	⌣⌣

《生查子》，双调四十字，上下片各两仄韵。

10.昭君怨 春怨

[宋] 万俟咏

3		3	3		
春	到	南	楼	雪	尽。
tsoen1	dou3	naam4	lau4	syt8	dzoen6
平	仄	平	平	仄	仄
\	\	\	V-	\	⌣

3	3	3	3	3	
惊	动	灯	期	花	信。
ging1	dung6	dang1	kei4	faa1	soen3
平	仄	平	平	平	仄
\	\	\	V-	\	⌣⌣

　　　　　　　　2　5̇　　5̇　2
小　雨　一　番　寒。倚　阑　干。
siu2　jy5　jat7　faan1　hon4　ji2　laan4　gon1
仄　仄　仄　平　平　仄　平　平
\　\　\　\　~~　\　\　~~

　　　　　3̇　3　3
莫　把　阑　干　频　倚。
mok9　baa2　laan4　gon1　pan4　ji2
仄　仄　平　平　平　仄
\　\　\　V-　\　~~

　　　　　3　3
一　望　几　重　烟　水。
jat7　mong6　gei2　tsung4　jin1　soey2
仄　仄　仄　平　平　仄
\　\　\　V-　\　~~

5̇　　　2　5̇　　5̇　2
何　处　是　京　华。暮　云　遮。
ho4　tsy3　si6　ging1　waa4　mou6　wan4　dze1
平　仄　仄　平　平　仄　平　平
\　\　\　\　~~　\　\　~~

《昭君怨》，双调四十字，全词四换韵，两仄两平递转。

11. 点绛唇 闺情

[元] 曾允元

	3	3			3	3		3.	3
一	夜	东	风，	枕	边	吹	散	愁	多 少。
jat7	je6	dung1	fung1	dzam2	bin1	tsoey1	saan3	sau4	do1 siu2
仄	仄	平	平	仄	平	平	仄	平	平 仄
\	\	\	V-	\	V-	\	\	\	⌣ ⌣

	3	3.				3	3	
数	声	啼	鸟。	梦	转	纱	窗	晓。
sou3	sing1	tai4	niu5	mung6	dzyn2	saa1	tsoeng1	hiu2
仄	平	平	仄	仄	仄	平	平	仄
\	V-	\	⌣	\	\	\	V-	⌣

3.	3	3			3	3		
来	是	春	初，	去	是	春	将	老。
loi4	si6	tsoen1	tso1	hoey3	si6	tsoen1	dzoeng1	lou5
平	仄	平	平	仄	仄	平	平	仄
\	\	\	V-	\	\	\	\	⌣ ⌣

3.	3.			3	3		
长	亭	道。	一	般	芳	草。	
tsoeng4	ting4	dou6	jat7	bun1	fong1	tsou2	
平	平	仄	仄	平	平	仄	
V	\	⌣	\	V-	\	⌣	

$\overset{3}{只}$ $\overset{3}{有}$ 归 时 好。
dzi2 jau5 gwai1 si4 hou2
仄　仄　平　平　仄
\　　\　　\　　\　　ᗡ

《点绛唇》，双调四十一字，七仄韵。

12. 菩萨蛮 闺情

[唐] 李白

$\overset{3}{平}$ $\overset{3}{林}$ 漠 漠 $\overset{3}{烟}$ $\overset{3}{如}$ 织。
ping4 lam4 mok9 mok9 jin1 jy4 dzik7
平　平　仄　仄　平　平　仄
\　　V-　\　　\　　\　　\　　ᗡ

$\overset{3}{寒}$ 3山 一 带 $\overset{3}{伤}$ $\overset{3}{心}$ 碧。
hon4 saan1 jat7 daai3 soeng1 sam1 bik7
平　平　仄　仄　平　平　仄
\　　V-　\　　\　　\　　\　　ᗡ

$\overset{5}{暝}$ 色 入 $\overset{2}{高}$ $\overset{5}{楼}$。有 $\overset{5}{人}$ $\overset{5}{楼}$ 上 $\overset{5}{愁}$。
ming4 sik7 jap9 gou1 lau4 jau5 jan4 lau4 soeng6 sau4
平　仄　仄　平　平　仄　平　平　仄　平
\　　\　　\　　\　　ᗡ　\　　V-　\　　\　　ᗡ

	3	3				3	3	
玉	阶	空	伫	立。	宿	鸟	归	飞	急。
juk9	gaai1	hung1	tsy5	lap9	suk7	niu5	gwai1	fei1	gap7
仄	平	平	仄	仄	仄	仄	平	平	仄
\	\/-	\	\	⌣	\	\	\	\	⌣

5̇			2̇	5̇	5̇	5̇	5̇		5̇
何	处	是	归	程。	长	亭	连	短	亭。
ho4	tsy3	si6	gwai1	tsing4	tsoeng4	ting4	lin4	dyn2	ting4
平	仄	仄	平	平	平	平	平	仄	平
\	\	\	\	~~	\	\/-	\	\	~~

《菩萨蛮》，双调四十四字，每两句一转韵，共四仄韵，四平韵。入声韵脚不拖腔者以⌣标注。

13. 卜算子 别意

[宋] 王观

			3	3̇	3		3̇	3	
水	是	眼	波	横，	山	是	眉	峰	聚。
soey2	si6	ngaan5	bo1	waang4	saan1	si6	mei4	fung1	dzoey6
仄	仄	仄	平	平	平	仄	平	平	仄
\	\	\	\	\/-	\	\	\	\	⌣⌣

	3	3		3		3
欲	问	行	人	去	那	边，
juk9	man6	hang4	jan4	hoey3	naa5	bin1
仄	仄	平	平	仄	仄	平
\	\	\	\/-	\	\	\/-

3		3	3	
眉	眼	盈	盈	处。
mei4	ngaan5	jing4	jing4	tsy3
平	仄	平	平	仄
\	\	\	\	⌣⌣

3		3	3		3	3	
才	始	送	春	归，	又	送	君	归	去。
tsoi4	tsi2	sung3	tsoen1	gwai1	jau6	sung3	gwan1	gwai1	hoey3
平	仄	仄	平	平	仄	仄	平	平	仄
\	\	\	\	\/-	\	\	\	\	⌣

	3	3		3	
若	到	江	南	赶	上	春，
joek9	dou3	gong1	naam4	gon2	soeng5	tsoen1
仄	仄	平	平	仄	仄	平
\	\	\	\/-	\	\	\/

3	3	3		
千	万	和	春	住。
tsin1	maan6	wo4	tsoen1	dzy6
平	仄	平	平	仄
\	\	\	\	⌣⌣

《卜算子》，双调四十四字，四仄韵。

14.减字木兰花 春情

[宋] 王安国

	3·	3·				3·	3·			
画	桥	流	水。	雨	湿	落	红	飞	不	起。
waa6	kiu4	lau4	soey2	jy5	sap7	lok9	hung4	fei1	bat7	hei2
仄	平	平	仄	仄	仄	仄	平	平	仄	仄
\	\/-	\	⌣	\	\	\	\/-	\	\	⌣

		5·	2
月	破	黄	昏。
jyt9	po3	wong4	fan1
仄	仄	平	平
\	\	\	~~

5·		5·	2			5·
帘	里	余	香	马	上	闻。
lim4	loey5	jy4	hoeng1	maa5	soeng6	man4
平	仄	平	平	仄	仄	平
\	\	\	\/-	\	\	~~

3·	3·		
徘	徊	不	语。
pui4	wui4	bat7	jy5
平	平	仄	仄
\	\/-	\	⌣

$\dot{3}$　　　　　　　$\dot{3}$　　$\dot{3}$
今　　夜　　梦　　魂　　何　　处　　去。
gam1　je6　mung6　wan4　ho4　tsy3　hoey3
平　　仄　　仄　　平　　平　　仄　　仄
\　　　\　　　\　　　V-　　\　　　\　　　⌣⌣

　　　　　　　　$\dot{5}$　　$\dot{5}$
不　　似　　垂　　杨。
bat7　tsi5　soey4　joeng4
仄　　仄　　平　　平
\　　　\　　　\　　　~~

$\dot{5}$　　　　　2　　　2　　　　　　　　$\dot{5}$
犹　　解　　飞　　花　　入　　洞　　房。
jau4　gaai2　fei1　faa1　jap9　dung6　fong4
平　　仄　　平　　平　　仄　　仄　　平
\　　　\　　　\　　　V-　　\　　　\　　　~~

《减字木兰花》，双调四十四字，每两句一转韵，共四仄韵，四平韵。

15. 丑奴儿 *春暮*

[宋] 朱藻

$\dot{5}$　　$\dot{5}$　　　　　$\dot{5}$　　2
障　　泥　　油　　壁　　人　　归　　后，
dzoeng3　nai4　jau4　bik7　jan4　gwai1　hau6
仄　　平　　平　　仄　　平　　平　　仄
\　　　V-　　\　　　\　　　\　　　\　　　\

	2	2		5̇		5̇	5̇
满	院	花	阴。	楼	影	沉	沉。
mun5	jyn6	faa1	jam1	lau4	jing2	tsam4	tsam4
仄	仄	平	平	平	仄	平	平
\	\	\	~~	\	\	\	~~

	2	2	2		2	
中	有	伤	春	一	片	心。
dzung1	jau5	soeng1	tsoen1	jat7	pin3	sam1
平	仄	平	平	仄	仄	平
\	\	\	\/-	\	\	~~

5̇	2			5̇		5̇
闲	穿	绿	树	寻	梅	子，
haan4	tsyn1	luk9	sy6	tsam4	mui4	dzi2
平	平	仄	仄	平	平	仄
\	\/-	\	\	\	\	\

5̇	5̇	5̇	5̇	5̇	2	2
斜	日	笼	明。	团	扇	风	轻。
tse4	jat9	lung4	ming4	tyn4	sin3	fung1	hing1
平	仄	平	平	平	仄	平	平
\	\	\	~~	\	\	\	~~

		5̇	2			5̇
一	径	杨	花	不	避	人。
jat7	ging3	joeng4	faa1	bat7	bei6	jan4
仄	仄	平	平	仄	仄	平
\	\	\	\/-	\	\	~~

《丑奴儿》，双调四十四字，六平韵。

16. 谒金门 春闺

[南唐] 冯延巳

```
  3                          3              3      3
  风    乍   起。 吹    皱    一    池   春    水。
 fung1 dzaa3 hei2 tsoey1 dzau3 jat7 tsi4 tsoen1 soey2
  平    仄   仄    平    仄    仄    平    平   仄
  V     \   ⌣⌣   \     \    \    V-    \   ⌣⌣

  3·    3    3      3
  闲    引   鸳    鸯     香    径    里。
 haan4 jan5 jyn1 joeng1 hoeng1 ging3 loey5
  平    仄   平    平    平    仄    仄
  \     \   \     V-    V     \    ⌣⌣

        3·   3
  手    接   红    杏    蕊。
 sau2 no4  hung4 hang6 joey5
  仄    平   平    仄    仄
  \    V-   \     \    ⌣⌣

              3·    3
  斗    鸭   阑    干    独    倚。
 dau3 aap8 laan4 gon1 duk9  ji2
  仄    仄   平    平    仄    仄
  \    \    \    V-    \    ⌣⌣
```

		3̇	3̇	3	
碧	玉	搔	头	斜	坠。
bik7	juk9	sou1	tau4	tse4	dzoey6
仄	仄	平	平	平	仄
\	\	\	V-	\	⌣⌣

3		3	3			
终	日	望	君	君	不	至。
dzung1	jat9	mong6	gwan1	gwan1	bat7	dzi3
平	仄	仄	平	平	仄	仄
\	\	\	V-	V	\	⌣

	3̇	3̇		
举	头	闻	鹊	喜。
goey2	tau4	man4	dzoek8	hei2
仄	平	平	仄	仄
\	V-	\	\	⌣⌣

《谒金门》，双调四十五字，八仄韵。

17. 诉衷情 眉意

[宋] 欧阳修

2	5̇	5̇			2	2
清	晨	帘	幕	卷	轻	霜。
tsing1	san4	lim4	mok9	gyn2	hing1	soeng1
平	平	平	仄	仄	平	平
\	V-	\	\	\	\	~~

```
     2         5   2
呵   手   试   梅   妆。
ho1  sau2 si3  mui4 dzong1
平   仄   仄   平   平
\    \    \    \    ~~


2    5·             5·
都   缘   自   有   离   恨,
dou1 jyn4 dzi6 jau5 lei4 han6
平   平   仄   仄   平   仄
\    V-   \    \    \    \


               2   5·
故   画   作、远   山   长。
gu3  waak9 dzok8 jyn5 saan1 tsoeng4
仄   仄    仄    仄   平    平
\    \     \    \    ~~


2              5·  2       5·  2
思   往   事,   惜   流   光。 易   成   伤。
si1  wong5 si6 sik7 lau4 gwong1 ji6 sing4 soeng1
平   仄   仄   仄   平   平   仄   平   平
\    \    \    \    \    ~~   \    \    ~~


     2   2            5·  5·
拟   歌   先   敛,   欲   笑   还   颦,
ji5  go1  sin1 lim5 juk9 siu3 waan4 pan4
仄   平   平   仄   仄   仄   平    平
\    V-   \    \    \    \    \    V-
```

　　　　　5̇　 5̇
最　断　人　肠。
dzoey3 dyn6 jan4 tsoeng4
仄　仄　平　平
\　 \　 \　~~

《诉衷情》，双调四十五字，六平韵。

18. 好事近 *初夏*
[宋] 蒋元龙

　　　　　　3　 3̇
叶　暗　乳　鸦　啼，
jip9　am3　jy5　aa1　tai4
仄　仄　仄　平　平
\　 \　 \　 \　 V-

3　　　　 3̇　 3̇
风　定　老　红　犹　落。
fung1 ding6 lou5 hung4 jau4 lok9
平　仄　仄　平　平　仄
\　 \　 \　 V-　\　~~

蝴　蝶　不　随　春　去，
wu4　dip9　bat7　tsoey4　tsoen1　hoey3
平　仄　仄　平　平　仄
\　\　\　V-　\　\

入　薰　风　池　阁。
jap9　fan1　fung1　tsi4　gok8
仄　平　平　平　仄
\　\　V-　\　⌣⌣

休　歌　金　缕　劝　金　卮，
jau1　go1　gam1　loey5　hyn3　gam1　dzi1
平　平　平　仄　仄　平　平
\　V-　\　\　\　\　V-

酒　病　煞　如　昨。
dzau2　beng6　saat8　jy4　dzok9
仄　仄　仄　平　仄
\　\　\　\　⌣

帘　卷　日　长　人　静，
lim4　gyn2　jat9　tsoeng4　jan4　dzing6
平　仄　仄　平　平　仄
\　\　\　V-　\　\

	3	3	3	
任	杨	花	漂	泊。
jam6	joeng4	faa1	piu1	bok9
仄	平	平	平	仄
\	\	V-	\	⌣⌣

《好事近》，双调四十五字，四仄韵，多用入声韵。入声韵脚不拖腔者以⌣标注。

19.忆秦娥 秋思

[唐] 李白

3	3		3	3			3	3	
箫	声	咽。	秦	娥	梦	断	秦	楼	月。
siu1	sing1	jit8	tsoen4	ngo4	mung6	dyn6	tsoen4	lau4	jyt9
平	平	仄	平	平	仄	仄	平	平	仄
\	\	⌣	\	V-	\	\	\	\	⌣⌣

3	3	
秦	楼	月。
tsoen4	lau4	jyt9
平	平	仄
V	\	⌣

3	3			3	3		
年	年	柳	色，	灞	陵	伤	别。
nin4	nin4	lau5	sik7	baa3	ling4	soeng1	bit9
平	平	仄	仄	仄	平	平	仄
\	V-	\	\	\	V-	\	⌣⌣

乐　　游　　原　　上　　清　　秋　　节。
lok9　jau4　jyn4　soeng6　tsing1　tsau1　dzit8
仄　　平　　平　　仄　　平　　平　　仄
\　　V-　　\　　\　　\　　\　　⌣

咸　　阳　　古　　道　　音　　尘　　绝。
haam4　joeng4　gu2　dou6　jam1　tsan4　dzyt9
平　　平　　仄　　仄　　平　　平　　仄
\　　V-　　\　　\　　\　　\　　⌣⌣

音　　尘　　绝。
jam1　tsan4　dzyt9
平　　平　　仄
V　　\　　⌣

西　　风　　残　　照，　汉　　家　　陵　　阙。
sai1　fung1　tsaan4　dziu3　hon3　gaa1　ling4　kyt8
平　　平　　平　　仄　　仄　　平　　平　　仄
\　　V-　　\　　\　　\　　V-　　\　　⌣⌣

《忆秦娥》，双调四十六字，六仄韵，二叠韵，多用入声韵。入声韵脚不拖腔者以⌣标注。

20. 更漏子 本意

[唐] 温庭筠

```
      3     3    3
柳    丝    长，  春    雨    细。
lau5  si1   tsoeng4 tsoen1 jy5  sai3
仄    平    平    平    仄    仄
\     \    V-    V     \    ⌣

3                3    3
花    外    漏    声    迢    递。
faa1  ngoi6 lau6  sing1 tiu4  dai6
平    仄    仄    平    平    仄
\     \    \    V-    \    ⌣⌣

2                     5    2
惊    塞    雁，  起    城    乌。
ging1 tsoi3 ngaan6 hei2 sing4 wu1
平    仄    仄    仄    平    平
\     \    \    \    \    ⌣⌣

      5    2         2
画    屏    金    鹧    鸪。
waa6  ping4 gam1  dze3  gu1
仄    平    平    仄    平
\     V-   \    \    ⌣⌣
```

3　　　　　　　　　3
　　香　雾　薄。透　帘　幕。
　　hoeng1 mou6 bok9　tau3 lim4 mok9
　　平　仄　仄　　仄　平　仄
　　＼　＼　⌣　　＼　＼　⌣

　　　3　　　　3　　3
　　惆　怅　谢　家　池　阁。
　　tsau4 tsoeng3 dze6 gaa1 tsi4 gok8
　　平　仄　仄　平　平　仄
　　＼　＼　＼　V-　＼　⌣

　　　5　　　　　　　5　　5
　　红　烛　背，绣　帘　垂。
　　hung4 dzuk7 bui3　sau3 lim4 soey4
　　平　仄　仄　　仄　平　平
　　＼　＼　＼　　＼　＼　～～

　　　　　　2　　2　　　2
　　梦　君　君　不　知。
　　mung6 gwan1 gwan1 bat7 dzi1
　　仄　平　平　仄　平
　　＼　V-　＼　＼　～～

　　《更漏子》，双调四十六字，上片两仄韵转两平韵，下片三仄韵转两平韵。入声韵脚不拖腔者以⌣标注。

21. 荆州亭 题柱

[宋] 吴城小龙女

3̇ 　　　　　　　3̇
帘　卷　曲　栏　独　倚。
lim4　gyn2　kuk7　laan4　duk9　ji2
平　仄　仄　平　仄　仄
\　\　\　∨-　\　⌣⌣

3̇　　　　3̇　3̇
江　展　暮　云　无　际。
gong1　dzin2　mou6　wan4　mou4　dzai3
平　仄　仄　平　平　仄
\　\　\　∨-　\　⌣⌣

　　　　　　3̇　3̇
泪　眼　不　曾　晴，
loey6　ngaan5　bat7　tsang4　tsing4
仄　仄　仄　平　平
\　\　\　\　∨-

3̇　　　3̇　3̇
家　在　吴　头　楚　尾。
gaa1　dzoi6　ng4　tau4　tso2　mei5
平　仄　平　平　仄　仄
\　\　\　∨-　\　⌣⌣

			3		
数	点	雪	花	乱	委。
sou3	dim2	syt8	faa1	lyn6	wai2
仄	仄	仄	平	仄	仄
\	\	\	V-	\	⌣⌣

		3	3	3	
扑	漉	沙	鸥	惊	起。
pok8	luk9	saa1	au1	ging1	hei2
仄	仄	平	平	平	仄
\	\	\	V-	\	⌣

3			3	3
诗	句	欲	成	时，
si1	goey3	juk9	sing4	si4
平	仄	仄	平	平
\	\	\	\	V-

		3	3	3	
没	入	苍	烟	丛	里。
mut9	jap9	tsong1	jin1	tsung4	loey5
仄	仄	平	平	平	仄
\	\	\	V-	\	⌣⌣

《荆州亭》，双调四十六字，上下片各三仄韵。

22.清平乐 晚春

[宋] 黄庭坚

3	3	3				3	3	
春	归	何	处。	寂	寞	无	行	路。
tsoen1	gwai1	ho4	tsy3	dzik9	mok9	mou4	hang4	lou6
平	平	平	仄	仄	仄	平	平	仄
\	\/-	\	⌣	\	\	\	\	⌣⌣

		3	3	3		
若	有	人	知	春	去	处。
joek9	jau5	jan4	dzi1	tsoen1	hoey3	tsy3
仄	仄	平	平	平	仄	仄
\	\	\	\/-	\/	\	⌣

		3	3	3	
唤	取	归	来	同	住。
wun6	tsoey2	gwai1	loi4	tung4	dzy6
仄	仄	平	平	平	仄
\	\	\	\/-	\	⌣⌣

2	5	2		5	2	
春	无	踪	迹	谁	知。	
tsoen1	mou4	dzung1	dzik7	soey4	dzi1	
平	平	平	仄	平	平	
\	\/-	\	\	\	~~	

$\dot{5}$　2　　　$\dot{5}$　$\dot{5}$
除　非　问　取　黄　鹂。
tsoey4　fei1　man6　tsoey2　wong4　lei4
平　平　仄　仄　平　平
\　V-　\　\　\　~~

　　　　　$\dot{5}$　$\dot{5}$　$\dot{5}$
百　啭　无　人　能　解，
baak8　dzyn2　mou4　jan4　nang4　gaai2
仄　仄　平　平　平　仄
\　·　\　\　V-　\　\

2　2　2　　　$\dot{5}$　$\dot{5}$
因　风　吹　过　蔷　薇。
jan1　fung1　tsoey1　gwo3　tsoeng4　mei4
平　平　平　仄　平　平
\　V-　\　\　\　~~

《清平乐》，双调四十六字，上片四仄韵，下片三平韵。

23. 误佳期 闺怨

[清] 汪懋麟

$\dot{3}$　　　3　3
寒　气　暗　侵　帘　幕。
hon4　hei3　am3　tsam1　lim4　mok9
平　仄　仄　平　平　仄
\　\　\　V-　\　⌣

3	3	3			
孤	负	芳	春	小	约。
gu1	fu6	fong1	tsoen1	siu2	joek8
平	仄	平	平	仄	仄
\	\	\	\/-	\	⌣

3	3	3			3	3
庭	梅	开	遍	不	归	来，
ting4	mui4	hoi1	pin3	bat7	gwai1	loi4
平	平	平	仄	仄	平	平
\	\/-	\	\	\	\	\/-

		3	3	
直	恁	心	情	恶。
dzik9	jam6	sam1	tsing4	ok8
仄	仄	平	平	仄
\	\	\	\	⌣⌣

			3	3	3	3	3	
独	抱	影	儿	眠，	背	看	灯	花	落。
duk9	pou5	jing2	ji4	min4	bui3	hon1	dang1	faa1	lok9
仄	仄	仄	平	平	仄	平	平	平	仄
\	\	\	\	\/-	\	\/-	\	\	⌣

	3	3			3	3
待	他	重	与	画	眉	时，
doi6	taa1	tsung4	jy5	waak9	mei4	si4
仄	平	平	仄	仄	平	平
\	\/-	\	\	\	\	\/-

　　　　　3̇　　3̇
细　　数　　郎　　轻　　薄。
sai3　sou2　long4　hing1　bok9
仄　　仄　　平　　平　　仄
\　　\　　\　　\　　⌣⌣

《误佳期》，双调四十六字，上片三仄韵，下片二仄韵。入声韵脚不拖腔者以⌣标注。

24. 阮郎归　春景

[宋] 欧阳修

5̇　　5̇　　2　　　　2　　5̇
南　　园　　春　　半　　踏　　青　　时。
naam4　jyn4　tsoen1　bun3　daap9　tsing1　si4
平　　平　　平　　仄　　仄　　平　　平
\　　V-　\　　\　　\　　\　　~~

2　　5̇　　5̇　　　　2
风　　和　　闻　　马　　嘶。
fung1　wo4　man4　maa5　sai1
平　　平　　平　　仄　　平
\　　V-　\　　\　　~~

2　　5̇　　5̇　　　　5̇　　5̇
青　　梅　　如　　豆　　柳　　如　　眉。
tsing1　mui4　jy4　dau6　lau5　jy4　mei4
平　　平　　平　　仄　　仄　　平　　平
\　　V-　\　　\　　\　　\　　~~

```
  5̇    5̇        2
日   长   蝴   蝶   飞。
jat9 tsoeng4 wu4 dip9 fei1
仄   平   平   仄   平
\    V-   \    \    ~~

2                2    2
花   露   重，草   烟   低。
faa1 lou6 dzung6 tsou2 jin1 dai1
平   仄   仄   仄   平   平
\    \    \    \    \    ~

5̇   2   5̇   5̇
人   家   帘   幕   垂。
jan4 gaa1 lim4 mok9 soey4
平   平   平   仄   平
\    V-   \    \    ~~

2    2    5̇         5̇   2
秋   千   慵   困   解   罗   衣。
tsau1 tsin1 jung4 kwan3 gaai2 lo4 ji1
平   平   平   仄   仄   平   平
\    V-   \    \    \    \    ~~

     5̇   2        2
画   堂   双   燕   栖。
waa6 tong4 soeng1 jin3 tsai1
仄   平   平   仄   平
\    V-   \    \    ~~
```

《阮郎归》，双调四十七字，上下片各四平韵。

25. 画堂春 本意

[宋] 黄庭坚

```
 2    2    2         2    5
 东    风   吹   柳    日    初    长。
dung1 fung1 tsoey1 lau5 jat9 tso1 tsoeng4
 平    平   平   仄    仄    平    平
 \    v-   \   \    \    \    ~~

      5    2    5    5
 雨    余   芳   草    斜    阳。
 jy5  jy4  fong1 tsou2 tse4 joeng4
 仄    平   平   仄    平    平
 \    v-   \   \    \    ~~

 2    5         5    2
 杏    花   零   落    燕    泥    香。
hang6 faa1 ling4 lok9 jin3 nai4 hoeng1
 仄    平   平   仄    仄    平    平
 \    v-   \   \    \    \    ~~

           5    2
 睡    损   红   妆。
soey6 syn2 hung4 dzong1
 仄    仄   平   平
 \    \    \   ~~
```

```
          2     2      5
宝   篆   烟    销    龙    凤,
bou2 syn6 jin1  siu1  lung4 fung6
仄   仄   平    平    平    仄
\    \    \    V-    \     \


          5    5            2     2
画   屏   云    锁    潇    湘。
waa6 ping4 wan4 so2  siu1  soeng1
仄   平   平    仄    平    平
\    V-   \    \    \     ~~


          5    5            5    5
夜   寒   微    透    薄    罗    裳。
je6  hon4 mei4 tau3 bok9  lo4  soeng4
仄   平   平    仄    仄    平    平
\    V-   \    \    \    \    ~~


  5         2     5
无   限   思    量。
mou4 haan6 si1  loeng4
平   仄   平    平
\    \    \    ~~
```

《画堂春》，双调四十七字，上片四平韵，下片三平韵。

26. 摊破浣溪沙 秋恨

[南唐] 李璟

		2	2			5·
菡	萏	香	销	翠	叶	残。
haam5	daam6	hoeng1	siu1	tsoey3	jip9	tsaan4
仄	仄	平	平	仄	仄	平
\	\	\	V-	\	\	~~

2	2	5·		2	2	
西	风	愁	起	绿	波	间。
sai1	fung1	sau4	hei2	luk9	bo1	gaan1
平	平	平	仄	仄	平	平
\	V-	\	\	\	\	~~

5·		5·	2		5·		2	2
还	与	韶	光	共	憔	悴，	不	堪	看。
waan4	jy5	siu4	gwong1	gung6	tsiu4	soey6	bat7	ham1	hon1
平	仄	平	平	仄	平	仄	仄	平	平
\	\	\	V-	\	\	\	\	\	~~

			5·	2		
细	雨	梦	回	鸡	塞	远，
sai3	jy5	mung6	wui4	gai1	tsoi3	jyn5
仄	仄	仄	平	平	仄	仄
\	\	\	V-	\	\	\

$\overset{\cdot}{5}$　　2　　　　　2　$\overset{\cdot}{5}$
小　楼　吹　彻　玉　笙　寒。
siu2　lau4　tsoey1　tsit8　juk9　sang1　hon4
仄　平　平　仄　仄　平　平
\　V-　\　\　\　\　~~

2　　　　　　2　$\overset{\cdot}{5}$　　　　$\overset{\cdot}{5}$　　2
多　少　泪　珠　何　限　恨，倚　阑　干。
do1　siu2　loey6　dzy1　ho4　haan6　han6　ji2　laan4　gon1
平　仄　仄　平　平　仄　仄　仄　平　平
\　\　\　V-　V　\　\　\　\　~~

《摊破浣溪沙》，双调四十八字，上片三平韵，下片两平韵。

27. 人月圆　有感

[金] 吴激

$\overset{\cdot}{5}$　$\overset{\cdot}{5}$　2　　　　2　　2
南　朝　千　古　伤　心　事，
naam4　tsiu4　tsin1　gu2　soeng1　sam1　si6
平　平　平　仄　平　平　仄
\　V-　\　\　\　\　\

$\overset{\cdot}{5}$　　　　　$\overset{\cdot}{5}$　2
还　唱　后　庭　花。
waan4　tsoeng3　hau6　ting4　faa1
平　仄　仄　平　平
\　\　\　\　~~

旧　时　王　谢，堂　前　燕　子，
gau6　si4　wong4　dze6　tong4　tsin4　jin3　dzi2
仄　平　平　仄　平　平　仄　仄
\　V-　\　\　\　V-　\　\

飞　向　谁　家。
fei1　hoeng3　soey4　gaa1
平　仄　平　平
\　\　\　~~

恍　然　一　梦，天　姿　胜　雪，
fong2　jin4　jat7　mung6　tin1　dzi1　sing3　syt8
仄　平　仄　仄　平　平　仄　仄
\　V-　\　\　\　V-　\　\

宫　鬓　堆　鸦。
gung1　ban3　doey1　aa1
平　仄　平　平
\　\　\　~~

江　州　司　马，青　衫　泪　湿，
gong1　dzau1　si1　maa5　tsing1　saam1　loey6　sap7
平　平　平　仄　平　平　仄　仄
\　\　\　\　\　V-　\　\

5̇	2	5̇	
同	是	天	涯。
tung4	si6	tin1	ngaai4
平	仄	平	平
\	\	\	~~

《人月圆》，双调四十八字，上下片各两平韵。

28. 桃源忆故人 冬景

[宋] 秦观

	3̇	3		3	3̇	
玉	楼	深	锁	多	情	种。
juk9	lau4	sam1	so2	do1	tsing4	dzung2
仄	平	平	仄	平	平	仄
\	V-	\	\	\	\	~

3		3̇	3̇	3̇		
清	夜	悠	悠	谁	共。	
tsing1	je6	jau4	jau4	soey4	gung6	
平	仄	平	平	平	仄	
\	\	\	V-	\	~~	

羞　　见　　枕　　衾　　鸳　　凤。
sau1　gin3　dzam2　kam1　jyn1　fung6
平　　仄　　仄　　平　　平　　仄
\　　\　　\　　\/-　\　　⌣

闷　　则　　和　　衣　　拥。
mun6　dzak7　wo4　ji1　jung2
仄　　仄　　平　　平　　仄
\　　\　　\　　\　　⌣

无　　端　　画　　角　　严　　城　　动。
mou4　dyn1　waa6　gok8　jim4　sing4　dung6
平　　平　　仄　　仄　　平　　平　　仄
\　　\/-　\　　\　　\　　\　　⌣

惊　　破　　一　　番　　新　　梦。
ging1　po3　jat7　faan1　san1　mung6
平　　仄　　仄　　平　　平　　仄
\　　\　　\　　\/-　\　　⌣⌣

窗　　外　　月　　华　　霜　　重。
tsoeng1　ngoi6　jyt9　waa4　soeng1　dzung6
平　　仄　　仄　　平　　平　　仄
\　　\　　\　　\/-　\　　⌣

听　　彻　　梅　　花　　弄。
ting6　tsit8　mui4　faa1　lung6
仄　　仄　　平　　平　　仄
\　　\　　\　　\　　ᵥᵥ

《桃源忆故人》，双调四十八字，上下片各四仄韵。

29. 眼儿媚 秋闺

[明] 刘基

萋　　萋　　芳　　草　　小　　　　楼　　西。
tsai1　tsai1　fong1　tsou2　siu2　　lau4　sai1
平　　平　　平　　仄　　仄　　　　平　　平
\　　v-　　\　　\　　\　　　　\　　~~

云　　压　　雁　　声　　低。
wan4　aat8　ngaan6　sing1　dai1
平　　仄　　仄　　平　　平
\　　\　　\　　\　　~~

两　　行　　疏　　柳，　一　　丝　　残　　照，
loeng5　hong4　so1　lau5　jat7　si1　tsaan4　dziu3
仄　　平　　平　　仄　　仄　　平　　平　　仄
\　　v-　　\　　\　　\　　v-　　\　　\

万　　点　　鸦　　栖。
maan6 dim2 aa1　tsai1
仄　　仄　　平　　平
\　　\　　\　　~~

春　　山　　碧　　树　　秋　　重　　绿，
tsoen1 saan1 bik7 sy6 tsau1 tsung4 luk9
平　　平　　仄　　仄　　平　　平　　仄
\　　V-　\　　\　　\　　V-　\

人　　在　　武　　陵　　溪。
jan4 dzoi6 mou5 ling4 kai1
平　　仄　　仄　　平　　平
\　　\　　\　　\　　~~

无　　情　　明　　月，　有　　情　　归　　梦，
mou4 tsing4 ming4 jyt9 jau5 tsing4 gwai1 mung6
平　　平　　平　　仄　　仄　　平　　平　　仄
\　　V-　\　　\　　\　　V-　\　　\

同　　到　　幽　　闺。
tung4 dou3 jau1 gwai1
平　　仄　　平　　平
\　　\　　\　　~~

《眼儿媚》，双调四十八字，五平韵。

30. 贺圣朝 留别

[清] 叶清臣

```
        3         3·   3
满   斟   绿   醑   留   君   住。
mun5 dzam1 luk9 soey2 lau4 gwan1 dzy6
仄   平   仄   仄   平   平   仄
\   V-   \   \   \   \   ⌣⌣

    3    3    3
莫   匆   匆   归   去。
mok9 tsung1 tsung1 gwai1 hoey3
仄   平   平   平   仄
\   \   V-   \   ⌣

3   3    3             3    3·
三   分   春   色   二   分   愁，
saam1 fan1 tsoen1 sik7 ji6 fan1 sau4
平   平   平   仄   仄   平   平
\   V-   \   \   \   \   V-

            3    3
更   一   分   风   雨。
gang3 jat7 fan1 fung1 jy5
仄   仄   平   平   仄
\   \   V-   \   ⌣⌣
```

3　　　3　　　3　　　　　3　　　3̇
　　　花　　开　　花　　谢，　都　　来　　几　　许。
　　　faa1　hoi1　faa1　dze6　dou1　loi4　gei2　hoey2
　　　平　　平　　平　　仄　　平　　平　　仄　　仄
　　　\　　V-　　\　　\　　\　　V-　　\　　⌣

　　　　　　　3　　　3　　　3
　　　且　　高　　歌　　休　　诉。
　　　tse2　gou1　go1　jau1　sou3
　　　仄　　平　　平　　平　　仄
　　　\　　\　　V-　　\　　⌣

　　　　　　　3　　　3̇　　　3
　　　不　　知　　来　　岁　　牡　　丹　　时，
　　　bat7　dzi1　loi4　soey3　maau5　daan1　si4
　　　仄　　平　　平　　仄　　仄　　平　　平
　　　\　　V-　　\　　\　　\　　\　　V-

　　　　　　　3　　　3̇　　　3̇
　　　再　　相　　逢　　何　　处。
　　　dzoi3　soeng1　fung4　ho4　tsy3
　　　仄　　平　　平　　平　　仄
　　　\　　\　　V-　　\　　⌣⌣

《贺圣朝》，双调四十九字，上下片各三仄韵。

31. 柳梢青 纪游

[清] 朱彝尊

       3   3̇
障　羞　罗　扇。
dzoeng3　sau1　lo4　sin3
仄　　平　　平　　仄
\　　V-　　\　　⌣

3　　3̇　　3̇　　　　　　3　　3̇
花　时　犹　记，者　边　曾　见。
faa1　si4　jau4　gei3　dze2　bin1　tsang4　gin3
平　平　平　仄　仄　平　平　仄
\　V-　\　\　\　V-　\　⌣⌣

     3̇　　3　　3̇　　3̇　　3
曲　录　阑　干，玲　珑　窗　户，
kuk7　luk9　laan4　gon1　ling4　lung4　tsoeng1　wu6
仄　仄　平　平　平　平　平　仄
\　\　\　V-　\　V-　\　⌣

    3　　3̇
也　都　寻　遍。
jaa5　dou1　tsam4　pin3
仄　平　平　仄
\　V-　\　⌣⌣

　　　　　　　　3　　3　　　　　　3　　3
两　　峰　　依　　旧　　青　　青，
loeng5　fung1　ji1　gau6　tsing1　tsing1
仄　　平　　平　　仄　　平　　平
\　　\　　\　　\　　\　　V-

　　　　　　　　　　　3　　3　　3
但　　不　　比、　眉　　梢　　平　　远。
daan6　bat7　bei2　mei4　saau1　ping4　jyn5
仄　　仄　　仄　　平　　平　　平　　仄
\　　\　　\　　\　　V-　　\　　⌣

　　　　　　　　3　　3　　3　　3　　3
第　　一　　难　　忘，　重　　来　　崔　　护，
dai6　jat7　naan4　mong4　tsung4　loi4　tsoey1　wu6
仄　　仄　　平　　平　　平　　平　　平　　仄
\　　\　　\　　V-　　\　　V-　　\　　\

　　　　3　　3
去　　年　　人　　面。
hoey3　nin4　jan4　min6
仄　　平　　平　　仄
\　　V-　　\　　⌣⌣

《柳梢青》，双调四十九字，上片三仄韵，下片两仄韵

32. 西江月 佳人

[宋] 司马光

```
          2    2
宝  髻  松  松  挽  就,
bou2 gai3 sung1 sung1 waan5 dzau6
仄  仄  平  平  仄  仄
\   \   \   V-  \   \

5   5         2   5
铅  华  淡  淡  妆  成。
jyn4 waa4 daam6 daam6 dzong1 sing4
平  平  仄  仄  平  平
\   V-  \   \   \   ~~

5   2         2   5
红  烟  翠  雾  罩  轻  盈。
hung4 jin1 tsoey3 mou6 dzaau3 hing1 jing4
平  平  仄  仄  仄  平  平
\   V-  \   \   \   \   ~~

2       5   2   5
飞  絮  游  丝  无  定。
fei1 soey5 jau4 si1 mou4 ding6
平  仄  平  平  平  仄
\   \   \   V-  \   ⌣
```

```
        2       2               5
        相      见      争      如      不      见，
      soeng1  gin3   dzang1   jy4    bat7    gin3
        平      仄      平      平      仄      仄
        \      \      \      V-     \       \


                5       5               5       5
        有      情      何      似      无      情。
       jau5   tsing4   ho4    tsi5   mou4   tsing4
        仄      平      平      仄      平      平
        \      V-     \       \      \       ~~


        2       2                       5       2
        笙      歌      散      后      酒      微      醒。
      sang1    go1    saan3   hau6   dzau2   mei4    sing1
        平      平      仄      仄      仄      平      平
        \      V-     \       \      \       \       ~~


        2                       5       5
        深      院      月      明      人      静。
      sam1    jyn6   jyt9    ming4   jan4   dzing6
        平      仄      仄      平      平      仄
        \      \      \      V-     \       ~~
```

《西江月》，双调五十字，上下片各两平韵，结句各叶一仄韵。仄韵句以平韵格定调。

33. 惜分飞 本意

[宋] 毛滂

　　　　　　3·　3　 3
泪　湿　阑　干　花　著　露。
loey6 sap7 laan4 gon1 faa1 dzoek9 lou6
仄　仄　平　平　平　仄　仄
\　　\　　\　　V-　V　　\　　⌣

3·　　3·　3
愁　到　眉　峰　碧　聚。
sau4 dou3 mei4 fung1 bik7 dzoey6
平　仄　平　平　仄　仄
\　　\　　\　　V-　\　　⌣⌣

　　　　3·　3
此　恨　平　分　取。
tsi2 han6 ping4 fan1 tsoey2
仄　仄　平　平　仄
\　　\　　\　　\　　⌣⌣

　　3·　3·　　3　3
更　无　言　语　空　相　觑。
gang3 mou4 jin4 jy5 hung1 soeng1 tsoey3
仄　平　平　仄　平　平　仄
\　　V-　\　　\　　\　　\　　⌣⌣

断　　雨　　残³　　云³　　无³　　意　　绪。
dyn6　jy5　tsaan4　wan4　mou4　ji3　soey5
仄　　仄　　平　　平　　平　　仄　　仄
\　　\　　\　　V-　　V　　\　　⌣

寂　　寞　　朝³　　朝³　　暮　　暮。
dzik9　mok9　dziu1　dziu1　mou6　mou6
仄　　仄　　平　　平　　仄　　仄
\　　\　　\　　V-　　\　　⌣⌣

今³　　夜　　山³　　深³　　处。
gam1　je6　saan1　sam1　tsy3
平　　仄　　平　　平　　仄
\　　\　　\　　\　　⌣⌣

断　　魂³　　分³　　付　　潮³　　回³　　去。
dyn6　wan4　fan1　fu6　tsiu4　wui4　hoey3
仄　　平　　平　　仄　　平　　平　　仄
\　　V-　　\　　\　　\　　\　　⌣⌣

《惜分飞》，双调五十字，上下片各四仄韵。

34. 南歌子 闺情

[宋] 欧阳修

		2	5̣		5̣	5̣		2
凤	髻	金	泥	带，	龙	纹	玉	掌	梳。

fung6 gai3 gam1 nai4 daai3 lung4 man4 juk9 dzoeng2 so1
仄 仄 平 平 仄 平 平 仄 仄 平
\ \ \ \ \ \ V- \ \ ~~

	5̣	2			2	5̣
去	来	窗	下	笑	相	扶。

hoey3 loi4 tsoeng1 haa6 siu3 soeng1 fu4
仄 平 平 仄 仄 平 平
\ V- \ \ \ \ ~~

		5̣	2			5̣	5̣
爱	道	画	眉	深	浅	入	时	无。

oi3 dou6 waak9 mei4 sam1 tsin2 jap9 si4 mou4
仄 仄 仄 平 平 仄 仄 平 平
\ \ \ V- \ \ \ \ ~~

		2	5̣		5̣	2		2
弄	笔	偎	人	久，	描	花	试	手	初。

lung6 bat7 wui1 jan4 gau2 miu4 faa1 si3 sau2 tso1
仄 仄 平 平 仄 平 平 仄 仄 平
\ \ \ \ \ \ V- \ \ ~~

		5̇	5̇		2	2
等	闲	妨	了	绣	工	夫。
dang2	haan4	fong4	liu5	sau3	gung1	fu1
仄	平	平	仄	仄	平	平
\	V-	\	\	\	\	~~

		2	2			2	2
笑	问	鸳	鸯	两	字	怎	生	书。
siu3	man6	jyn1	joeng1	loeng5	dzi6	dzam2	sang1	sy1
仄	仄	平	平	仄	仄	仄	平	平
\	\	\	V-	\	\	\	\	~~

《南歌子》，双调五十二字，上下片各三平韵。

35. 醉花阴 重九

[宋] 李清照

		3̇	3̇	3̇		
薄	雾	浓	云	愁	永	昼。
bok9	mou6	nung4	wan4	sau4	wing5	dzau3
仄	仄	平	平	平	仄	仄
\	\	\	V-	V	\	~

		3	3	
瑞	脑	消	金	兽。
soey6	nou5	siu1	gam1	sau3
仄	仄	平	平	仄
\	\	\	\	~~

佳　节　又　重　阳，
gaai1 dzit8 jau6 tsung4 joeng4
平　仄　仄　平　平
\　\　\　\　V-

玉　枕　纱　厨、昨　夜　凉　初　透。
juk9 dzam2 saa1 tsy4 dzok9 je6 loeng4 tso1 tau3
仄　仄　平　平　仄　仄　平　平　仄
\　\　\　V-　\　\　\　\　⌣⌣

东　篱　把　酒　黄　昏　后。
dung1 lei4 baa2 dzau2 wong4 fan1 hau6
平　平　仄　仄　平　平　仄
\　V-　\　\　\　\　⌣

有　暗　香　盈　袖。
jau5 am3 hoeng1 jing4 dzau6
仄　仄　平　平　仄
\　\　V-　\　⌣⌣

莫　道　不　销　魂，
mok9 dou6 bat7 siu1 wan4
仄　仄　仄　平　平
\　\　\　\　V-

3·	3	3	3·	3
帘 卷	西 风、	人 比	黄 花	瘦。
lim4 gyn2	sai1 fung1	jan4 bei2	wong4 faa1	sau3
平 仄	平 平	平 仄	平 平	仄
\ \	\ V-	\ \	\ \	﹀﹀

《醉花阴》，双调五十二字，上下片各三仄韵。

36.浪淘沙 怀旧

[南唐] 李煜

5·		5·	5·	2		5·	2
帘	外	雨	潺	潺。	春 意	阑	珊。
lim4	ngoi6	jy5	saan4	saan4	tsoen1 ji3	laan4	saan1
平	仄	仄	平	平	平 仄	平	平
\	\	\	\	~~	\ \	\	~~

5·	2				2	5·	
罗	衾	不	耐	五	更	寒。	
lo4	kam1	bat7	noi6	ng5	gaang1	hon4	
平	平	仄	仄	仄	平	平	
\	V-	\	\	\	\	~~	

		2	2				2	2
梦	里	不	知	身	是	客， 一	晌 贪	欢。
mung6	loey5	bat7	dzi1	san1	si6	haak8 jat7	hoeng2 taam1	fun1
仄	仄	仄	平	平	仄	仄 仄	仄 平	平
\	\	\	V-	\	\	\ \	\ \	~~

	5·	5·	5·			2	2
独	自	莫	凭	栏。	无 限	江	山。
duk9	dzi6	mok9	pang4	laan4	mou4 haan6	gong1	saan1
仄	仄	仄	平	平	平 仄	平	平
\	\	\	\	~~	\ \	\	~~

	5·	5·			5·	5·
别	时	容	易	见	时	难。
bit9	si4	jung4	ji6	gin3	si4	naan4
仄	平	平	仄	仄	平	平
\	V-	\	\	\	\	~~

5·			2	2		
流	水	落	花	春	去	也，
lau4	soey2	lok9	faa1	tsoen1	hoey3	jaa5
平	仄	仄	平	平	仄	仄
\	\	\	V-	V	\	\

2	5·	2	
天	上	人	间。
tin1	soeng6	jan4	gaan1
平	仄	平	平
\	\	\	~~

《浪淘沙》，双调五十四字，上下片各四平韵。

37. 鹧鸪天 别情

[宋] 聂胜琼

		2	5·		5·	
玉	惨	花	愁	出	凤	城。
juk9	tsaam2	faa1	sau4	tsoet7	fung6	sing4
仄	仄	平	平	仄	仄	平
\	\	\	V-	\	\	~~

5·	2	5·			2	2
莲	花	楼	下	柳	青	青。
lin4	faa1	lau4	haa6	lau5	tsing1	tsing1
平	平	平	仄	仄	平	平
\	V-	\	\	\	\	~~

2	5·			5·	2	
尊	前	一	唱	阳	关	曲，
dzoen1	tsin4	jat7	tsoeng3	joeng4	gwaan1	kuk7
平	平	仄	仄	平	平	仄
\	V-	\	\	\	\	\

		5·	5·			5·
别	个	人	人	第	五	程。
bit9	go3	jan4	jan4	dai6	ng5	tsing4
仄	仄	平	平	仄	仄	平
\	\	\	V-	\	\	~~

$\dot{5}$　　　　　　　$\dot{5}$　$\dot{5}$
寻　好　梦，梦　难　成。
tsam4 hou2 mung6 mung6 naan4 sing4
平　仄　仄　仄　平　平
\　\　\　\　\　~~

　　$\dot{5}$　2　　　$\dot{5}$　$\dot{5}$
有　谁　知　我　此　时　情。
jau5 soey4 dzi1 ngo5 tsi2 si4 tsing4
仄　平　平　仄　仄　平　平
\　V-　\　\　\　\　~~

　　$\dot{5}$　　　2　$\dot{5}$
枕　前　泪　共　阶　前　雨，
dzam2 tsin4 loey6 gung6 gaai1 tsin4 jy5
仄　平　仄　仄　平　平　仄
\　V-　\　\　\　\　\

　　　　2　$\dot{5}$　　$\dot{5}$
隔　个　窗　儿　滴　到　明。
gaak8 go3 tsoeng1 ji4 dik9 dou3 ming4
仄　仄　平　平　仄　仄　平
\　\　\　V-　\　\　~~
/

《鹧鸪天》，双调五十五字，上下片各三平韵。

38. 虞美人 感旧

[南唐] 李煜

2　　2　　2　　　　5̇　　5̇
春　花　秋　月　何　时　了。
tsoen1 faa1 tsau1 jyt9 ho4 si4 liu5
平　平　平　仄　平　平　仄
\　V-　\　\　\　\　⌣

　　　　　　2　　2
往　事　知　多　少。
wong5 si6 dzi1 do1 siu2
仄　仄　平　平　仄
\　\　\　\　⌣

　　　　5̇　　　　　　2　　2
小　楼　昨　夜　又　东　风。
siu2 lau4 dzok9 je6 jau6 dung1 fung1
仄　平　仄　仄　仄　平　平
\　V-　\　\　\　～　～

　　　　2　　5̇　　　　5̇　　2
故　国　不　堪　回　首　月　明　中。
gu3 gwok8 bat7 ham1 wui5 sau2 jyt9 ming4 dzung1
仄　仄　仄　平　平　仄　仄　平　平
\　\　\　V-　\　\　\　～　～

```
       2    5̇         2    5̇
雕     栏   玉    砌    应    犹   在。
diu1  laan4 juk9 tsai3 jing1 jau4 dzoi6
平    平   仄    仄    平    平   仄
\    V-   \    \    \    \    ⌣

            2    5̇
只    是   朱    颜    改。
dzi2  si6  dzy1 ngaan4 goi2
仄    仄   平    平    仄
\    \    \    \    ⌣⌣

       2    5̇         2    5̇
问     君   能    有    几    多   愁。
man6 gwan1 nang4 jau5 gei2 do1 sau4
仄    平   平    仄    仄    平   平
\    V-   \    \    \    \    ~~

            2    2              2    5̇
恰     似   一    江    春    水    向    东    流。
hap7 tsi5 jat7 gong1 tsoen1 soey2 hoeng3 dung1 lau4
仄    仄   仄    平    平    仄    仄    平   平
\    \    \    V-   \    \    \    \    ~~
```

《虞美人》，双调五十六字，每两句平仄转韵，共四仄韵，四平韵。仄韵句以平韵格定调。

39. 南乡子 春闺

[宋] 孙道绚

晓　日　压　重⸱　檐⸱。
hiu2　jat9　aat8　tsung4　jim4
仄　仄　仄　平　平
\　\　\　\　~~

斗　帐　春　寒　起⸱　未　忺。
dau2　dzoeng3　tsoen1　hon4　hei2　mei6　hin1
仄　仄　平　平　仄　仄　平
\　\　\　V-　\　\　~~

天　气　困　人　梳⸱　洗　懒，眉⸱　尖。
tin1　hei3　kwan3　jan4　so1　sai2　laan5　mei4　dzim1
平　仄　仄　平　平　仄　仄　平　平
\　\　\　V-　\　\　\　\　~~

淡　画　春　山　不　喜　添。
daam6　waak9　tsoen1　saan1　bat7　hei2　tim1
仄　仄　平　平　仄　仄　平
\　\　\　V-　\　\　~~

		5̇		2	5̇		
闲	把	绣	丝	拈。			
haan4	baa2	sau3	si1	tsim4			
平	仄	仄	平	平			
\	\	\	\	~~			

		2	2		2		
认	得	金	针	又	倒	拈。	
jing6	dak7	gam1	dzam1	jau6	dou3	nim1	
仄	仄	平	平	仄	仄	平	
\	\	\	V-	\	\	~~	

		5̇	5̇	2			2	2
陌	上	游	人	归	也	未，	恹	恹。
mak9	soeng6	jau4	jan4	gwai1	jaa5	mei6	jim1	jim1
仄	仄	平	平	平	仄	仄	平	平
\	\	\	V-	\	\	\	\	~~

		5̇	2		5̇		
满	院	杨	花	不	卷	帘。	
mun5	jyn6	joeng4	faa1	bat7	gyn2	lim4	
仄	仄	平	平	仄	仄	平	
\	\	\	V-	\	\	~~	

《南乡子》，双调五十六字，上下片各四平韵。

40. 鹊桥仙 七夕

[宋] 秦观

3	3			3	3	3
纤	云	弄	巧，	飞	星	传	恨，
tsim1	wan4	lung6	haau2	fei1	sing1	tsyn4	han6
平	平	仄	仄	平	平	平	仄
\	V-	\	\	\	V-	\	\

3		3	3		
银	汉	迢	迢	暗	度。
ngan4	hon3	tiu4	tiu4	am3	dou6
平	仄	平	平	仄	仄
\	\	\	V-	⌢	⌢⌢

3	3				3	3
金	风	玉	露	一	相	逢，
gam1	fung1	juk9	lou6	jat7	soeng1	fung4
平	平	仄	仄	仄	平	平
\	V-	\	\	\	\	V-

		3	3	3		
便	胜	却、	人	间	无	数。
bin6	sing3	koek8	jan4	gaan1	mou4	sou3
仄	仄	仄	平	平	平	仄
\	\	\	\	V-	\	⌢⌢

柔　情　似　水，佳　期　如　梦，
jau4 tsing4 tsi5 soey2 gaai1 kei4 jy4 mung6
平　平　仄　仄　平　平　平　仄
\　V-　\　\　\　V-　\　\

忍　顾　鹊　桥　归　路。
jan2 gu3 dzoek8 kiu4 gwai1 lou6
仄　仄　仄　平　平　仄
\　\　\　V-　\　⌣⌣

两　情　若　是　久　长　时，
loeng5 tsing4 joek9 si6 gau2 tsoeng4 si4
仄　平　仄　仄　仄　平　平
\　V-　\　\　\　V-　V-

又　岂　在、朝　朝　暮　暮。
jau6 hei2 dzoi6 dziu1 dziu1 mou6 mou6
仄　仄　仄　平　平　仄　仄
\　\　\　\　V-　\　⌣⌣

《鹊桥仙》，双调六十五字，上下片各两仄韵。

41. 一斛珠 美人口

[南唐] 李煜

		3	3			
晚	妆	初	过。			
maan5	dzong1	tso1	gwo3			
仄	平	平	仄			
\	V-	\	⌣			

3	3	3		3	3	
沉	檀	轻	注	些	儿	个。
tsam4	taan4	hing1	dzy3	se1	ji4	go3
平	平	平	仄	平	平	仄
\	V-	\	\	\	\	⌣⌣

3	3		3	3		
向	人	微	露	丁	香	颗。
hoeng3	jan4	mei4	lou6	ding1	hoeng1	fo2
仄	平	平	仄	平	平	仄
\	V-	\	\	\	\	⌣⌣

	3	3			3	3		
一	曲	清	歌、	暂	引	樱	桃	破。
jat7	kuk7	tsing1	go1	dzaam6	jan5	jing1	tou4	po3
仄	仄	平	平	仄	仄	平	平	仄
\	\	\	V-	\	\	\	\	⌣⌣

罗	袖	裛	残	殷	色	可。
lo4	dzau6	jap7	tsaan4	jin1	sik7	ho2
平	仄	仄	平	平	仄	仄
\	\	\	V-	\	\	⌣

杯	深	旋	被	香	醪	涴。
bui1	sam1	syn4	bei6	hoeng1	lou4	wo3
平	平	平	仄	平	平	仄
\	V-	\	\	\	\	⌣⌣

绣	床	斜	凭	娇	无	那。
sau3	tsong4	tse4	bang6	giu1	mou4	no3
仄	平	平	仄	平	平	仄
\	V-	\	\	\	\	⌣

烂	嚼	红	茸、	笑	向	檀	郎	唾。
laan6	dzoek8	hung4	jung4	siu3	hoeng3	taan4	long4	to3
仄	仄	平	平	仄	仄	平	平	仄
\	\	\	V-	\	\	\	\	⌣⌣

《一斛珠》，双调五十七字，上下片各四仄韵。

42. 踏莎行 春暮

[宋] 寇准

    3   3   3   3   3
春　色　将　阑，莺　声　渐　老。
tsoen1　sik7　dzoeng1　laan4　ang1　sing1　dzim6　lou5
平　仄　平　平　平　平　仄　仄
\　\　\　V-　\　V-　\　⌣⌣

3　　3　　　　　　3　　3
红　英　落　尽　青　梅　小。
hung4　jing1　lok9　dzoen6　tsing1　mui4　siu2
平　平　仄　仄　平　平　仄
\　V-　\　\　\　\　⌣

　　　3　　3　　3　　　　3　　3
画　堂　人　静　雨　濛　濛，
waa6　tong4　jan4　dzing6　jy5　mung4　mung4
仄　平　平　仄　仄　平　平
\　V-　\　\　\　V-　V-

3　3　　　　3　3
屏　山　半　掩　余　香　袅。
ping4　saan1　bun3　jim2　jy4　hoeng1　niu5
平　平　仄　仄　平　平　仄
\　V-　\　\　\　\　⌣⌣

		3	3	3	3		
密	约	沉	沉，	离	情	杳	杳。
mat9	joek8	tsam4	tsam4	lei4	tsing4	miu5	miu5
仄	仄	平	平	平	平	仄	仄
\	\	\	V-	\	V-	\	⌣

3	3	3		3	3		
菱	花	尘	满	慵	将	照。	
ling4	faa1	tsan4	mun5	jung4	dzoeng1	dziu3	
平	平	平	仄	平	平	仄	
\	V-	\	\	\	\	⌣⌣	

		3	3		3	3	
倚	楼	无	语	欲	销	魂，	
ji2	lau4	mou4	jy5	juk9	siu1	wan4	
仄	平	平	仄	仄	平	平	
\	V-	\	\	\	\	V-	

3	3			3	3		
长	空	暗	淡	连	芳	草。	
tsoeng4	hung1	am3	daam6	lin4	fong1	tsou2	
平	平	仄	仄	平	平	仄	
\	V-	\	\	\	\	⌣⌣	

《踏莎行》，双调五十八字，上下片各三仄韵。

43.临江仙 妓席

[宋] 欧阳修

		2		5·	5·	
柳	外	轻	雷	池	上	雨,
lau5	ngoi6	hing1	loey4	tsi4	soeng6	jy5
仄	仄	平	平	平	仄	仄
\	\	\	V-	\	\	\

	2			5·	2	
雨	声	滴	碎	荷	声。	
jy5	sing1	dik9	soey3	ho4	sing1	
仄	平	仄	仄	平	平	
\	V-	\	\	\	~~	

5·	2			5·	5·	
小	楼	西	角	断	虹	明。
siu2	lau4	sai1	gok8	dyn6	hung4	ming4
仄	平	平	仄	仄	平	平
\	V-	\	\	\	\	~~

5·	2			5·		5·	2	
栏	干	倚	处,	遥	见	月	华	生。
laan4	gon1	ji2	tsy3	jiu4	gin3	jyt9	waa4	sang1
平	平	仄	仄	平	仄	仄	平	平
\	V-	\	\	\	\	\	\	~~

```
          2    5̇    2
燕    子    飞    来    窥    画    栋,
jin3  dzi2  fei1  loi4  kwai1 waa6  dung3
仄    仄    平    平    平    仄    仄
\     \     \     V-    \     \     \


          2    5̇    5̇    2
玉    钩    垂    下    帘    旌。
juk9  ngau1 soey4 haa6  lim4  dzing1
仄    平    平    仄    平    平
\     V-    \     \     \     ~~


5̇    2                5̇    5̇
凉    波    不    动    簟    纹    平。
loeng4 bo1 bat7 dung6 tim5 man4 ping4
平    平    仄    仄    仄    平    平
\     V-    \     \     \     \     ~~


    2    2         5̇         2    5̇
水   精   双   枕,   犹   有   堕   钗   横。
soey2 dzing1 soeng1 dzam2 jau4 jau5 do6 tsaai1 waang4
仄    平    平    仄    平    仄    仄    平    平
\     V-    \     \     \     \     \     \     ~~
```

《临江仙》,双调五十八字,六平韵。

44. 蝶恋花 春景

[宋] 苏轼

3		3	3	3		
花	褪	残	红	青	杏	小。
faa1	tan3	tsaan4	hung4	tsing1	hang6	siu2
平	仄	平	平	平	仄	仄
\	\	\	V-	V	\	⌣⌣

		3	3		3	3
燕	子	飞	时，	绿	水	人	家	绕。
jin3	dzi2	fei1	si4	luk9	soey2	jan4	gaa1	jiu2
仄	仄	平	平	仄	仄	平	平	仄
\	\	\	V-	\	\	\	\	⌣⌣

3			3	3		
枝	上	柳	绵	吹	又	少。
dzi1	soeng6	lau5	min4	tsoey1	jau6	siu2
平	仄	仄	平	平	仄	仄
\	\	\	V-	V	\	⌣⌣

3	3	3		3	3	
天	涯	何	处	无	芳	草。
tin1	ngaai4	ho4	tsy3	mou4	fong1	tsou2
平	平	平	仄	平	平	仄
\	V-	\	\	\	\	⌣

3̇		3	3	3̇			
墙	里	秋	千	墙	外	道。	
tsoeng4	loey5	tsau1	tsin1	tsoeng4	ngoi6	dou6	
平	仄	平	平	平	仄	仄	
\	\	\	V-	V	\	⌣	

3̇		3	3	3̇		3	3
墙	外	行	人，	墙	里	佳	人 笑。
tsoeng4	ngoi6	hang4	jan4	tsoeng4	loey5	gaai1	jan4 siu3
平	仄	平	平	平	仄	平	平 仄
\	\	\	V-	\	\	\	⌣⌣

			3̇	3			
笑	渐	不	闻	声	渐	杳。	
siu3	dzim6	bat7	man4	sing1	dzim6	miu5	
仄	仄	仄	平	平	仄	仄	
\	\	\	V-	V	\	⌣⌣	

3	3̇			3̇	3		
多	情	却	被	无	情	恼。	
do1	tsing4	koek8	bei6	mou4	tsing4	nou5	
平	平	仄	仄	平	平	仄	
\	V-	\	\	\	\	⌣⌣	

《蝶恋花》，双调六十字，上下片各四仄韵。

45. 一剪梅 春思

[宋] 蒋捷

		2	5·			2	
一	片	春	愁	待	酒	浇。	
jat7	pin3	tsoen1	sau4	doi6	dzau2	giu1	
仄	仄	平	平	仄	仄	平	
\	\	\	V-	\	\	~~	

2		2	5·	5·		5·	2
江	上	舟	摇。	楼	上	帘	招。
gong1	soeng6	dzau1	jiu4	lau4	soeng6	lim4	dziu1
平	仄	平	平	平	仄	平	平
\	\	\	~~	\	\	\	~~

2	5·				5·	5·	
秋	娘	渡	与	泰	娘	桥。	
tsau1	noeng4	dou6	jy5	taai3	noeng4	kiu4	
平	平	仄	仄	仄	平	平	
\	\	\	\	\	\	~~	

2		2	2			2	2
风	又	飘	飘。	雨	又	潇	潇。
fung1	jau6	piu1	piu1	jy5	jau6	siu1	siu1
平	仄	平	平	仄	仄	平	平
\	\	\	~~	\	\	\	~~

5̇   2   2   5̇
何   日   归   家   洗   客   袍。
ho4   jat9 gwai1 gaa1 sai2 haak8 pou4
平   仄   平   平   仄   仄   平
\   \   \   V-   \   \   ~~

5̇   2   5̇   2   2   2
银   字   笙   调。 心   字   香   烧。
ngan4 dzi6 sang1 tiu4 sam1 dzi6 hoeng1 siu1
平   仄   平   平   平   仄   平   平
\   \   \   ~~   \   \   \   ~~

5̇   2   5̇   5̇   2
流   光   容   易   把   人   抛。
lau4 gwong1 jung4 ji6   baa2 jan4 paau1
平   平   平   仄   仄   平   平
\   V-   \   \   \   \   ~~

5̇   2   5̇   2   2
红   了   樱   桃。 绿   了   芭   蕉。
hung4 liu5 jing1 tou4 luk9 liu5 baa1 dziu1
平   仄   平   平   仄   仄   平   平
\   \   \   ~~   \   \   \   ~~

《一剪梅》，双调六十字，共十二平韵。

46.河传 赠妓

[宋] 秦观

	3́		
恨	眉	醉	眼。
han6	mei4	dzoey3	ngaan5
仄	平	仄	仄
\	V-	\	⌣

	3	3				3	3	3
甚	轻	轻	觑	着，	神	魂	迷	乱。
sam6	hing1	hing1	tsoey3	dzoek9	san4	wan4	mai4	lyn6
仄	平	平	仄	仄	平	平	平	仄
\	\	V-	\	\	\	V-	\	⌣⌣

3́		3́				3́	3	3	
常	记	那	回，	小	曲	栏	干	西	畔。
soeng4	gei3	naa5	wui4	siu2	kuk7	laan4	gon1	sai1	bun5
平	仄	仄	平	仄	仄	平	平	平	仄
\	\	\	\	\	\	V-	\	⌣⌣

	3́	3́	3́		
鬓	云	松、	罗	袜	刬。
ban3	wan4	sung1	lo4	mat9	tsaan2
仄	平	平	平	仄	仄
\	\	V-	\	\	⌣⌣

```
 3   3         3   3
 丁  香  笑  吐  娇  无  限。
ding1 hoeng1 siu3 tou3 giu1 mou4 haan6
 平  平  仄  仄  平  平  仄
 \   V-  \   \   \   \   ⌣⌣
```

```
         3   3         3   3
 语  软  声  低，道  我  何  曾  惯。
jy5  jyn5 sing1 dai1 dou6 ngo5 ho4 tsang4 gwaan3
 仄  仄  平  平  仄  仄  平  平  仄
 \   \   \   V-  \   \   \   \   ⌣⌣
```

```
 3         3         3   3   3
 云  雨  未  谐，早  被  东  风  吹  散。
wan4 jy5 mei6 haai4 dzou2 bei6 dung1 fung1 tsoey1 saan3
 平  仄  仄  平  仄  仄  平  平  平  仄
 \   \   \   V-  \   \   \   V-  \   ⌣
```

```
         3   3
 瘦  煞  人、天  不  管。
sau3 saat8 jan4 tin1 bat7 gun2
 仄  仄  平  平  仄  仄
 \   \   V-  \   \   ⌣⌣
```

《河传》，双调六十一字，上下片各四仄韵。

47. 渔家傲 秋思

[宋] 范仲淹

	3	3·	3			
塞	下	秋	来	风	景	异。
tsoi3	haa6	tsau1	loi4	fung1	ging2	ji6
仄	仄	平	平	平	仄	仄
\	\	\	V-	\	\	⌣⌣

3·	3·			3·	3	
衡	阳	雁	去	无	留	意。
hang4	joeng4	ngaan6	hoey3	mou4	lau4	ji3
平	平	仄	仄	平	平	仄
\	V-	\	\	\	\	⌣⌣

		3	3	3·		
四	面	边	声	连	角	起。
sei3	min6	bin1	sing1	lin4	gok8	hei2
仄	仄	平	平	平	仄	仄
\	\	\	V-	\	\	⌣⌣

3		3·	3			3	3·	
千	嶂	里。| 长	烟	落	日	孤	城	闭。
tsin1	dzoeng3	loey5	tsoeng4	jin1	lok9	jat9	gu1	sing4	bai3
平	仄	仄	平	平	仄	仄	平	平	仄
\	\	⌣⌣	\	\	V-	\	\	\	⌣⌣

粤语吟诵《白香词谱》一百例　85

　　　　　　　³　　³
浊　酒　一　杯　家　万　里。
dzuk9 dzau2 jat7 bui1 gaa1 maan6 lei5
仄　仄　仄　平　平　仄　仄
\　\　\　V-　V　\　⌣

³　³　　　　³　³
燕　然　未　勒　归　无　计。
jin1 jin4 mei6 lak9 gwai1 mou4 gai3
平　平　仄　仄　平　平　仄
\　V-　\　\　\　\　⌣⌣

³　　　³　³　³
羌　管　悠　悠　霜　满　地。
goeng1 gun2 jau4 jau4 soeng1 mun5 dei6
平　仄　平　平　平　仄　仄
\　\　\　V-　V　\　⌣⌣

³　　　　　³　³　　　³　³
人　不　寐。将　军　白　发　征　夫　泪。
jan4 bat7 mei6 dzoeng1 gwan1 baak9 faat8 dzing1 fu1 loey6
平　仄　仄　平　平　仄　仄　平　平　仄
V　\　⌣　\　\　V-　\　\　\　⌣⌣

《渔家傲》，双调六十二字，上下片各五仄韵。

48. 苏幕遮 怀旧

[宋] 范仲淹

3·	3	3		
碧	云	天,	黄	叶	地。
bik7	wan4	tin1	wong4	jip9	dei6
仄	平	平	平	仄	仄
\	\	V-	\	\	⌣

3		3·	3	3		3·	3	
秋	色	连	波,	波	上	寒	烟	翠。
tsau1	sik7	lin4	bo1	bo1	soeng6	hon4	jin1	tsoey3
平	仄	平	平	平	仄	平	平	仄
\	\	\	V-	\	\	\	⌣	⌣

3		3·	3·	3		
山	映	斜	阳	天	接	水。
saan1	jing2	tse4	joeng4	tin1	dzip8	soey2
平	仄	平	平	平	仄	仄
\	\	\	V-	V	\	⌣⌣

3		3·	3			3·	3	
芳	草	无	情,	更	在	斜	阳	外。
fong1	tsou2	mou4	tsing4	gang3	dzoi6	tse4	joeng4	ngoi6
平	仄	平	平	仄	仄	平	平	仄
\	\	\	V-	\	\	\	\	⌣⌣

　　　　　3　 3　 3
黯　 乡　 魂，追　 旅　 思。
am2　hoeng1 wan4 dzoey1 loey5　si3
仄　 平　 平　 平　 仄　 仄
\　 \　 V-　 \　 \　 ⌣

　　　　　　　3　 3　　　　3　 3
夜　 夜　 除　 非，好　 梦　 留　 人　 睡。
je6　je6　tsoey4 fei1　hou2 mung6 lau4 jan4 soey6
仄　 仄　 平　 平　 仄　 仄　 平　 平　 仄
\　 \　 \　 V-　 \　 \　 \　 \　 ⌣⌣

3
明　 月　 楼　 高　 休　 独　 倚。
ming4 jyt9　lau4　gou1　jau1　duk9　ji2
平　 仄　 平　 平　 平　 仄　 仄
\　 \　 \　 V-　 V　 \　 ⌣⌣

　　　　　　3　 3　　　　3　 3
酒　 入　 愁　 肠，化　 作　 相　 思　 泪。
dzau2 jap9　sau4　tsoeng4 faa3 dzok8 soeng1 si1　loey6
仄　 仄　 平　 平　 仄　 仄　 平　 平　 仄
\　 \　 \　 V-　 \　 \　 \　 \　 ⌣⌣

《苏幕遮》，双调六十二字，上下片各四仄韵。

49. 锦缠道 春游

[宋] 宋祁

		3·	3·			3·	3	
燕	子	呢	喃，	景	色	乍	长春	昼。
jin3	dzi2	nei4	naam4	ging2	sik7	dzaa3	tsoeng4 tsoen1	dzau3
仄	仄	平	平	仄	仄	仄	平 平	仄
\	\	\	v-	\	\	\	v- \	~~

		3·	3·	3·	3·	
睹	园	林、	万	花	如	绣。
dou2	jyn4	lam4	maan6	faa1	jy4	sau3
仄	平	平	仄	平	平	仄
\	\	v-	\	v-	\	~~

	3·	3	3·	3		
海	棠	经	雨	胭	脂	透。
hoi2	tong4	ging1	jy5	jin1	dzi1	tau3
仄	平	平	仄	平	平	仄
\	v-	\	\	\	\	~

		3·	3·			3·	3	
柳	展	宫	眉，	翠	拂	行	人	首。
lau5	dzin2	gung1	mei4	tsoey3	fat7	hang4	jan4	sau2
仄	仄	平	平	仄	仄	平	平	仄
\	\	\	v-	\	\	\	\	~~

	3·	3·	3		3	3	
向	郊	原	踏	青，	恣	歌	携	手。
hoeng3	gaau1	jyn4	daap9	tsing1	dzi3	go1	kwai4	sau2
仄	平	平	仄	平	仄	平	平	仄
\	\	v-	\	v-	\	v-	\	~~

　　　　 3　　 3　　　　　3　　 3
　醉　醺　醺、尚　寻　芳　酒。
　dzoey3 fan1　fan1　soeng6 tsam4 fong1 dzau2
　仄　平　平　仄　平　平　仄
　\　 \　 \-　 \　 \-　 \　 ⌣⌣

　　　　　3　 3　　　　3　 3
　问　牧　童、遥　指　孤　村，
　man6 muk9 tung4 jiu4 dzi2 gu1 tsyn1
　仄　仄　平　平　仄　平　平
　\　 \　 \-　 \　 \　 \　 \-

　　　　　　3　 3
　道　杏　花　深　处，
　dou6 hang6 faa1 sam1 tsy3
　仄　仄　平　平　仄
　\　 \　 \-　 \　 \

　　　　　3　 3
　那　里　人　家　有。
　naa5 loey5 jan4 gaa1 jau5
　仄　仄　平　平　仄
　\　 \　 \　 \　 ⌣⌣

《锦缠道》，双调六十六字，上片四仄韵，下片三仄韵。

50.青玉案 春暮

[宋] 贺铸

3̣	3			3̣	3̣	
凌	波	不	过	横	塘	路。
ling4	bo1	bat7	gwo3	waang4	tong4	lou6
平	平	仄	仄	平	平	仄
\	V-	\	\	\	\	﹀﹀

			3	3̣	
但	目	送、	芳	尘	去。
daan6	muk9	sung3	fong1	tsan4	hoey3
仄	仄	仄	平	平	仄
\	\	\	\	\	﹀﹀

		3̣	3̣	3̣		
锦	瑟	华	年	谁	与	度。
gam2	sat7	waa4	nin4	soey4	jy5	dou6
仄	仄	平	平	平	仄	仄
\	\	\	V-	V	\	﹀

	3̣	3			3	3	
月	台	花	榭,	琐	窗	朱	户。
jyt9	toi4	faa1	dze6	so2	tsoeng1	dzy1	wu6
仄	平	平	仄	仄	平	平	仄
\	V-	\	\	\	V-	\	﹀

粤语吟诵《白香词谱》一百例　　91

　　　　　　　3　　3
只　　有　　春　　知　　处。
dzi2　jau5　tsoen1 dzi1　tsy3
仄　　仄　　平　　平　　仄
\　　\　　\　　\　　⌣⌣

　　　　　　3　　　　3　　3
碧　云　冉　冉　蘅　皋　暮。
bik7 wan4 jim5 jim5 hang4 gou1 mou6
仄　平　仄　仄　平　平　仄
\　V-　\　\　\　\　⌣

　　　　　3　　3　　　3
彩　笔　新　题　断　肠　句。
tsoi2 bat7 san1 tai4 dyn6 tsoeng4 goey3
仄　仄　平　平　仄　平　仄
\　\　\　V-　\　\　⌣⌣

　　　　　3　　3　　3
试　问　闲　愁　都　几　许。
si3 man6 haan4 sau4 dou1 gei2 hoey2
仄　仄　平　平　平　仄　仄
\　\　\　V-　V　\　⌣⌣

　　　3　　3　　　　3　　3
一　川　烟　草，满　城　飞　絮。
jat7 tsyn1 jin1 tsou2 mun5 sing4 fei1 soey5
仄　平　平　仄　仄　平　平　仄
\　V-　\　\　\　V-　\　⌣

梅　　子　　黄　　时　　雨。
mui4　dzi2　wong4　si4　jy5
平　　仄　　平　　平　　仄
\　　\　　\　　\　　⌣⌣

《青玉案》，双调六十七字，十仄韵。

51. 感皇恩 别情
[宋] 赵企

骑　　马　　踏　　红　　尘，　长　　安　　重　　到。
ke4　maa5　daap9　hung4　tsan4　tsoeng4　on1　tsung4　dou3
平　　仄　　仄　　平　　平　　平　　平　　平　　仄
\　　\　　\　　\　　V-　　\　　V-　　\　　⌣⌣

人　　面　　依　　然　　似　　花　　好。
jan4　min6　ji1　jin4　tsi5　faa1　hou2
平　　仄　　平　　平　　仄　　平　　仄
\　　\　　\　　V-　　\　　\　　⌣⌣

旧　　情　　才　　展，　又　　被　　新　　愁　　分　　了。
gau6　tsing4　tsoi4　dzin2　jau6　bei6　san1　sau4　fan1　liu5
仄　　平　　平　　仄　　仄　　仄　　平　　平　　平　　仄
\　　V-　　\　　\　　\　　\　　\　　V-　　\　　⌣⌣

粤语吟诵《白香词谱》一百例　93

　　　　3　　　3　　　　　　　3　　　3
未　成　云　雨　梦，巫　山　晓。
mei6 sing4 wan4 jy5 mung6 mou4 saan1 hiu2
仄　平　平　仄　仄　平　平　仄
\　 V-　 \　 \　 \　 \　 \　⌣⌣

3　　　　　　3　　3　　3
千　里　断　肠，关　山　古　道。
tsin1 lei5 dyn6 tsoeng4 gwaan1 saan1 gu2 dou6
平　仄　仄　平　平　平　仄　仄
\　 \　 \　V-　 \　V-　 \　⌣⌣

3　　3　　3　　　　　3
回　首　高　城　似　天　杳。
wui4 sau2 gou1 sing4 tsi5 tin1 miu5
平　仄　平　平　仄　平　仄
\　 \　 \　V-　 \　 \　⌣⌣

　　　　3　　3　　　　　　　　3　　3
满　怀　离　恨，付　与　落　花　啼　鸟。
mun5 waai4 lei4 han6 fu6 jy5 lok9 faa1 tai4 niu5
仄　平　平　仄　仄　仄　仄　平　平　仄
\　 V-　 \　 \　 \　 \　 \　V-　 \　⌣⌣

　　　3　　3　　　　　3　　3
故　人　何　处　也，青　春　老。
gu3 jan4 ho4 tsy3 jaa5 tsing1 tsoen1 lou5
仄　平　平　仄　仄　平　平　仄
\　V-　V　 \　 \　 \　 \　⌣⌣

《感皇恩》，双调六十七字，八仄韵。

52. 解佩令 题词

[清] 朱彝尊

```
      3·        3·              3·
十     年    磨    剑，   五    陵    结    客，
sap9  nin4  mo4   gim3   ng5   ling4  git8   haak8
仄    平    平    仄     仄    平     仄     仄
\     V-    \     \      \    V-     \      \
```

```
      3·    3           3     3
把    平    生、   涕    泪    都    飘    尽。
baa2  ping4 sang1  tai3  loey6 dou1  piu1  dzoen6
仄    平    平     仄    仄    平    平    仄
\     \    V-     \     \     \     \     ⌣⌣
```

```
            3·    3·
老    去    填    词，
lou5  hoey3 tin4  tsi4
仄    仄    平    平
\     \    \     V-
```

```
                  3     3     3
一    半    是、   空    中    传    恨。
jat7  bun3  si6   hung1 dzung1 tsyn4 han6
仄    仄    仄    平    平     平    仄
\     \    \     \     V-     \    ⌣⌣
```

	3	3		3	3		
几	曾	围、	燕	钗	蝉	鬓。	
gei2	tsang4	wai4	jin3	tsaai1	sim4	ban3	
仄	平	平	仄	平	平	仄	
\	\	V-	\	V-	\	⌣⌣	

	3	3		3	3		
不	师	秦	七，	不	师	黄	九，
bat7	si1	tsoen4	tsat7	bat7	si1	wong4	gau2
仄	平	平	仄	仄	平	平	仄
\	V-	\	\	\	V-	\	\

	3	3		3	3		
倚	新	声、	玉	田	差	近。	
ji2	san1	sing1	juk9	tin4	tsi1	gan6	
仄	平	平	仄	平	平	仄	
\	\	V-	\	V-	\	⌣⌣	

		3	3
落	拓	江	湖，
lok9	tok8	gong1	wu4
仄	仄	平	平
\	\	\	V-

	3		3	3	3		
且	分	付、	歌	筵	红	粉。	
tse2	fan1	fu6	go1	jin4	hung4	fan2	
仄	平	仄	平	平	平	仄	
\	\	\	\	V-	\	⌣⌣	

	3	3		3	3	
料	封	侯、	白	头	无	分。
liu6	fung1	hau4	baak9	tau4	mou4	fan6
仄	平	平	仄	平	平	仄
\	\	\	V-	\	\	⌣⌣

《解佩令》，双调六十七字，六仄韵。

53. 天仙子 送春

[宋] 张先

		3	3			
水	调	数	声	持	酒	听。
soey2	diu6	sou3	sing1	tsi4	dzau2	ting6
仄	仄	仄	平	平	仄	仄
\	\	\	V-	\	\	⌣⌣

		3	3	3		
午	醉	醒	来	愁	未	醒。
ng5	dzoey3	sing1	loi4	sau4	mei6	sing2
仄	仄	平	平	平	仄	仄
\	\	\	V-	\	\	⌣

	3	3			3	3
送	春	春	去	几	时	回，
sung3	tsoen1	tsoen1	hoey3	gei2	si4	wui4
仄	平	平	仄	仄	平	平
\	V-	\	\	\	\	V-

3̇		3̇	3̇		
临	晚	镜。	伤	流	景。
lam4	maan5	geng3	soeng1	lau4	ging2
平	仄	仄	平	平	仄
\	\	⌣	\	\	⌣

			3̇	3		
往	事	后	期	空	记	省。
wong5	si6	hau6	kei4	hung1	gei3	sing2
仄	仄	仄	平	平	仄	仄
\	\	\	V-	\	\	⌣

3			3̇	3		
沙	上	并	禽	池	上	暝。
saa1	soeng6	bing6	kam4	tsi4	soeng6	ming5
平	仄	仄	平	平	仄	仄
\	\	\	V-	V	\	⌣

3̇			3̇	3		
云	破	月	来	花	弄	影。
wan4	po3	jyt9	loi4	faa1	lung6	jing2
平	仄	仄	平	平	仄	仄
\	\	\	V-	V	\	⌣⌣

3̇	3̇	3̇			3	3
重	重	帘	幕	密	遮	灯，
tsung4	tsung4	lim4	mok9	mat9	dze1	dang1
平	平	平	仄	仄	平	平
\	V-	\	\	\	\	V-

	3			3	3	
风	不	定。	人	初	静。	
fung1	bat7	ding6	jan4	tso1	dzing6	
平	仄	仄	平	平	仄	
V	\	⌒	V	\	⌒	

3			3	3		
明	日	落	红	应	满	径。
ming4	jat9	lok9	hung4	jing1	mun5	ging3
平	仄	仄	平	平	仄	仄
\	\	\	V-	\	\	⌒⌒

《天仙子》，双调六十八字，上下片各五仄韵。

54.千秋岁 夏景

[宋] 谢逸

	3	3				3	3	
楝	花	飘	砌。	蔌	蔌	清	香	细。
lin6	faa1	piu1	tsai3	tsuk7	tsuk7	tsing1	hoeng1	sai3
仄	平	平	仄	仄	仄	平	平	仄
\	V-	\	⌒	\	\	\	\	⌒

3			3	3		
梅	雨	过，	蘋	风	起。	
mui4	jy5	gwo3	pan4	fung1	hei2	
平	仄	仄	平	平	仄	
\	\	\	\	\	⌒⌒	

3̇	3̇	3̇					3̇	3	
情	随	湘	水	远，	梦	绕	吴	峰	翠。
tsing4	tsoey4	soeng1	soey2	jyn5	mung6	jiu2	ng4	fung1	tsoey3
平	平	平	仄	仄	仄	仄	平	平	仄
\	V-	\	\	\	\	\	\	\	⌣⌣

3̇	3	3		3̇			3̇	3	
琴	书	倦，	鹧	鸪	唤	起	南	窗	睡。
kam4	sy1	gyn6	dze3	gu1	wun6	hei2	naam4	tsoeng1	soey6
平	平	仄	仄	平	仄	仄	平	平	仄
V	\	\	\	V-	\	\	\	\	⌣⌣

		3̇	3̇	3			3̇	3	
密	意	无	人	寄。	幽	恨	凭	谁	说。
mat9	ji3	mou4	jan4	gei3	jau1	han6	pang4	soey4	soey3
仄	仄	平	平	仄	平	仄	平	平	仄
\	\	\	\	⌣⌣	\	\	\	\	⌣⌣

3̇			3̇	3̇	
修	竹	畔，	疏	帘	里。
sau1	dzuk7	bun5	so1	lim4	loey5
平	仄	仄	平	平	仄
\	\	\	\	\	⌣⌣

3̇	3̇	3̇					3̇	3̇	
歌	余	尘	拂	扇，	舞	罢	风	掀	袂。
go1	jy4	tsan4	fat7	sin3	mou5	baa6	fung1	hin1	mai6
平	平	平	仄	仄	仄	仄	平	平	仄
\	V-	\	\	\	\	\	\	\	⌣⌣

3				3	3		3	3	
人	散	后，	一	钩	新	月	天	如	水。
jan4	saan3	hau6	jat7	ngau1	san1	jyt9	tin1	jy4	soey2
平	仄	仄	仄	平	平	仄	平	平	仄
\/	\	\	\	\/-	\	\	\	\	⌣⌣

《千秋岁》，双调七十一字，上下片各五仄韵。

55. 离亭燕 怀古

[宋] 张昇

		3	3	3	
一	带	江	山	如	画。
jat7	daai3	gong1	saan1	jy4	waa6
仄	仄	平	平	平	仄
\	\	\	\/-	\	⌣⌣

3			3	3	
风	物	向	秋	潇	洒。
fung1	mat9	hoeng3	tsau1	siu1	saa2
平	仄	仄	平	平	仄
\	\	\	\/-	\	⌣⌣

			3	3		
水	浸	碧	天	何	处	断，
soey2	dzam3	bik7	tin1	ho4	tsy3	dyn6
仄	仄	仄	平	平	仄	仄
\	\	\	\/-	\	\	\

　　　　　　　3　　3
霁　色　冷　光　相　射。
dzai3　sik7　laang5　gwong1　soeng1　se6
仄　仄　仄　平　平　仄
\　\　\　V-　\　⌣⌣

　　　　　3　　3　　　　　　3　　3
蓼　屿　荻　花　洲，掩　映　竹　篱　茅　舍。
liu5　jy5　dik9　faa1　dzau1　jim2　jing2　dzuk7　lei4　maau4　se3
仄　仄　仄　平　平　仄　仄　仄　平　平　仄
\　\　\　\　V-　\　\　\　V-　\　⌣⌣

3　　　　　3　　3
云　际　客　帆　高　挂。
wan4　dzai3　haak8　faan4　gou1　gwaa3
平　仄　仄　平　平　仄
\　\　\　V-　\　⌣

3　　　　3　　3
烟　外　酒　帘　低　亚。
jin1　ngoi6　dzau2　lim4　dai1　aa3
平　仄　仄　平　平　仄
\　\　\　V-　\　⌣⌣

3　　　　3　　3
多　少　六　朝　兴　废　事，
do1　siu2　luk9　tsiu4　hing1　fai3　si6
平　仄　仄　平　平　仄　仄
\　\　\　V-　V　\　\

```
           3       3       3
尽     入     渔     樵     闲     话。
dzoen6 jap9   jy4    tsiu4  haan4  waa6
仄     仄     平     平     平     仄
\      \      \      V-     \      ⌣⌣


          3       3     3              3       3       3
怅     望     倚     层     楼,    寒     日     无     言     西     下。
tsoeng3 mong6 ji2   tsang4 lau4   hon4   jat9   mou4   jin4   sai1   haa6
仄     仄     仄     平     平     平     仄     平     平     平     仄
\      \      \      \      V-     \      \      \      V-     \      ⌣⌣
```

《离亭燕》，双调七十二字，上下片各四仄韵。

56. 河满子 秋怨

[宋] 孙洙

```
                      5      2
怅     望     浮     生     急     景,
tsoeng3 mong6 fau4   sang1  gap7   ging2
仄     仄     平     平     仄     仄
\      \      \      V-     \      \


 2      5                    5      2
凄     凉     宝     瑟     余     音。
tsai1  loeng4 bou2   sat7   jy4    jam1
平     平     仄     仄     平     平
\      \      V-     \      \      ⌣⌣
```

		2	5	2		
楚	客	多	情	偏	怨	别，
tso2	haak8	do1	tsing4	pin1	jyn3	bit9
仄	仄	平	平	平	仄	仄
\	\	\	V-	V	\	\

	2			2	5
碧	山	远	水	登	临。
bik7	saan1	jyn5	soey2	dang1	lam4
仄	平	仄	仄	平	平
\	V-	\	\	\	~~

		5	2	2	
目	送	连	天	衰	草，
muk9	sung3	lin4	tin1	soey1	tsou2
仄	仄	平	平	平	仄
\	\	\	V-	\	\

	5		2	2	
夜	阑	几	处	疏	砧。
je6	laan4	gei2	tsy3	so1	dzam1
仄	平	仄	仄	平	平
\	V-	\	\	\	~~

5	5	2			
黄	叶	无	风	自	落，
wong4	jip9	mou4	fung1	dzi6	lok9
平	仄	平	平	仄	仄
\	\	\	V-	\	\

$\dot{2}$　$\dot{5}$　　　$\dot{5}$　$\dot{2}$
秋　云　不　雨　常　阴。
tsau1 wan4 bat7 jy6 soeng4 jam1
平　平　仄　仄　平　平
\　V-　\　\　\　~~

$\dot{2}$　　　$\dot{5}$　$\dot{2}$
天　若　有　情　天　亦　老，
tin1 joek9 jau5 tsing4 tin1 jik9 lou5
平　仄　仄　平　平　仄　仄
\　\　\　V-　V　\　\

$\dot{5}$　$\dot{5}$　$\dot{2}$　　$\dot{5}$　$\dot{2}$
摇　摇　幽　恨　难　禁。
jiu4 jiu4 jau1 han6 naan4 kam1
平　平　平　仄　平　平
\　V-　\　\　\　~~

$\dot{5}$　　　$\dot{2}$　$\dot{5}$
惆　怅　旧　欢　如　梦，
tsau4 tsoeng3 gau6 fun1 jy4 mung6
平　仄　仄　平　平　仄
\　\　\　V-　\　\

　　　$\dot{5}$　$\dot{5}$　　$\dot{2}$　$\dot{5}$
觉　来　无　处　追　寻。
gok8 loi4 mou4 tsy3 dzoey1 tsam4
仄　平　平　仄　平　平
\　V-　\　\　\　~~

《河满子》，双调七十四字，上下片各三平韵。

57. 风入松 春情

[宋] 吴文英

2	2	2			2	5·
听	风	听	雨	过	清	明。
ting1	fung1	ting1	jy5	gwo3	tsing1	ming4
平	平	平	仄	仄	平	平
\	V-	\	\	\	\	~~

5·			2	5·
愁	草	瘗	花	铭。
sau4	tsou2	ji3	faa1	ming4
平	仄	仄	平	平
\	\	\	\	~~

5·	5·			2	5·	
楼	前	绿	暗	分	携	路，
lau4	tsin4	luk9	am3	fan1	kwai4	lou6
平	平	仄	仄	平	平	仄
\	V-	\	\	\	\	\

	2			5·	5·	
一	丝	柳、	一	寸	柔	情。
jat7	si1	lau5	jat7	tsyn3	jau4	tsing4
仄	平	仄	仄	仄	平	平
\	\	\	\	\	\	~~

　　　　　　　2　5
料　峭　春　寒　中　酒，
liu6 tsiu3 tsoen1 hon4 dzung3 dzau2
仄　仄　平　平　仄　仄
\　\　\　V-　\　\

2　2　　　　5　2
交　加　晓　梦　啼　莺。
gaau1 gaa1 hiu2 mung6 tai4 ang1
平　平　仄　仄　平　平
\　V-　\　\　\　~~

2　5　　　　5　5
西　园　日　日　扫　林　亭。
sai1 jyn4 jat9 jat9 sou3 lam4 ting4
平　平　仄　仄　仄　平　平
\　V-　\　\　\　\　~~

2　　　2　5
依　旧　赏　新　晴。
ji1 gau6 soeng2 san1 tsing4
平　仄　仄　平　平
\　\　\　\　~~

5　2　5　　2　2
黄　蜂　频　扑　秋　千　索，
wong4 fung1 pan4 pok8 tsau1 tsin1 sok8
平　平　平　仄　平　平　仄
\　V-　\　\　\　\　\

```
        2   5·  2         2   5·
    有   当   时、 纤   手   香   凝。
    jau5 dong1 si4 tsim1 sau2 hoeng1 jing4
    仄   平   平   平   仄   平   平
    \   \   V-  \   \   \   ~~

    5·          2   2
    惆   怅   双   鸳   不   到,
    tsau4 tsoeng3 soeng1 jyn1 bat7 dou3
    平   仄   平   平   仄   仄
    \   \   \   V-  \   \

    2   2                   5·  2
    幽   阶   一   夜   苔   生。
    jau1 gaai1 jat7 je6 toi4 sang1
    平   平   仄   仄   平   平
    \   V-  \   \   \   ~~
```

《风入松》,双调七十六字,上下片各四平韵。

58. 祝英台近 春晚

[宋] 辛弃疾

```
            3   3   3
    宝   钗   分,  桃   叶   渡。
    bou2 tsaai1 fan1 tou4 jip9 dou6
    仄   平   平   平   仄   仄
    \   \   V-  \   \   ⌣⌣
```

烟 柳 暗 南 浦。
jin1 lau5 am3 naam4 pou2
平 仄 仄 平 仄
\ \ \ \ ⌣⌣

怕 上 层 楼，十 日 九 风 雨。
paa3 soeng5 tsang4 lau4 sap9 jat9 gau2 fung1 jy5
仄 仄 平 平 仄 仄 仄 平 仄
\ \ \ V- \ \ \ \ ⌣⌣

断 肠 点 点 飞 红，都 无 人 管，
dyn6 tsoeng4 dim2 dim2 fei1 hung4 dou1 mou4 jan4 gun2
仄 平 仄 仄 平 平 平 平 平 仄
\ V- \ \ \ V- V \ \ \

倩 谁 唤、流 莺 声 住。
tsing2 soey4 wun6 lau4 ang1 sing1 dzy6
仄 平 仄 平 平 平 仄
\ \ \ \ V- \ ⌣⌣

鬓 边 觑。
ban3 bin1 tsoey3
仄 平 仄
\ \ ⌣

		3		3	3̇	3̇	3		3̇
试	把	花	卜	归	期，	才	簪	又	重	数。

si3 baa2 faa1 buk7 gwai1 kei4 tsoi4 dzaam1 jau6 tsung4 sou2
仄 仄 平 仄 平 平 平 平 仄 平 仄
\ \ \ \ \ \/- \ \/- \ \ ⌣

3̇
罗 帐 灯 昏， 哽 咽 梦 中 语。
lo4 dzoeng3 dang1 fan1 gang2 jit8 mung6 dzung1 jy5
平 仄 平 平 仄 仄 仄 平 仄
\ \ \ \/- \ \ \ ⌣ \

是 他 春 带 愁 来， 春 归 何 处。
si6 taa1 tsoen1 daai3 sau4 loi4 tsoen1 gwai1 ho4 tsy3
仄 平 平 仄 平 平 平 平 平 仄
\ \/- \ \ \/- \ \/- \ ⌣⌣

却 不 解、带 将 愁 去。
koek8 bat7 gaai2 daai3 dzoeng1 sau4 hoey3
仄 仄 仄 仄 平 平 仄
\ \ \ \ \/- \ ⌣⌣

《祝英台近》，双调七十七字，上片四仄韵，下片五仄韵。

59. 御街行 离怀

[宋] 范仲淹

3	3			3	3	
纷	纷	坠	叶	飘	香	砌。
fan1	fan1	dzoey6	jip9	piu1	hoeng1	tsai3
平	平	仄	仄	平	平	仄
\	V-	\	\	\	\	⌣

		3·	3		
夜	寂	静、	寒	声	碎。
je6	dzik9	dzing6	hon4	sing1	soey3
仄	仄	仄	平	平	仄
\	\	\	\	\	⌣⌣

3	3	3·	3		3·	3
真	珠	帘	卷	玉	楼	空，
dzan1	dzy1	lim4	gyn2	juk9	lau4	hung1
平	平	平	仄	仄	平	平
\	V-	\	\	\	\	V-

3		3·	3·	3·		
天	淡	银	河	垂	地。
tin1	daam6	ngan4	ho4	soey4	dei6
平	仄	平	平	平	仄
\	\	\	V-	\	⌣⌣

年年今夜，月华如练，
nin4 nin4 gam1 je6　jyt9 waa4 jy4 lin6
平　平　平　仄　仄　平　平　仄
\　V-　\　\　\　V-　\　\

长是人千里。
tsoeng4 si6 jan4 tsin1 lei5
平　仄　平　平　仄
\　\　\　\　⌣⌣

愁肠已断无由醉。
sau4 tsoeng4 ji5 dyn6 mou4 jau4 dzoey3
平　平　仄　仄　平　平　仄
\　V-　\　\　\　\　⌣

酒未到、先成泪。
dzau2 mei6 dou3　sin1 sing4 loey6
仄　仄　仄　平　平　仄
\　\　\　\　\　⌣⌣

残灯明灭枕头敧，
tsaan4 dang1 ming4 mit9 dzam2 tau4 kei1
平　平　平　仄　仄　平　平
\　V-　\　\　\　\　V-

```
  3·        3       3·      3
  谙        尽      孤      眠      滋      味。
  am1      dzoen6  gu1     min4    dzi1    mei6
  平        仄      平      平      平      仄
  \        \       \       \/-     \       ⌣⌣


  3·   3·     3·          3·    3    3
  都   来     此    事,    眉    间   心    上,
  dou1 loi4   tsi2  si6    mei4  gaan1 sam1  soeng6
  平   平     仄    仄     平    平    平    仄
  \    \/-    \     \      \    \/-   \     \


  3·      3·     3·
  无      计     相     回     避。
  mou4    gai3   soeng1 wui4   bei6
  平      仄     平     平     仄
  \       \      \      \     ⌣⌣
```

《御街行》,双调七十八字,上下片各四仄韵。

60. 蓦山溪 别意

[宋] 黄庭坚

```
 3·    3·
 鸳    鸯    翡    翠,    小    小    思    珍    偶。
 jyn1  joeng1 fei2 tsoey3 siu2  siu2  si1   dzan1 ngau5
 平    平    仄    仄     仄    仄    平    平    仄
 \     \/-   \     \     \     \     \     \     ⌣
```

粤语吟诵《白香词谱》一百例

眉　黛　敛　秋　波，
mei4　doi6　lim5　tsau1　bo1
平　仄　仄　平　平
\　\　\　\　V-

尽　湖　南、山　明　水　秀。
dzoen6　wu4　naam4　saan1　ming4　soey2　sau3
仄　平　平　平　平　仄　仄
\　\　V-　\　V-　\　⌣⌣

娉　娉　袅　袅，恰　近　十　三　余，春　未　透。
ping1　ping1　niu5　niu5　hap7　gan6　sap9　saam1　jy4　tsoen1　mei6　tau3
平　平　仄　仄　仄　仄　仄　平　平　平　仄　仄
\　V-　\　\　\　\　\　V-　V　\　\　⌣⌣

花　枝　瘦。正　是　愁　时　候。
faa1　dzi1　sau3　dzing3　si6　sau4　si4　hau6
平　平　仄　仄　仄　平　平　仄
V　\　⌣　\　\　\　\　⌣⌣

寻　芳　载　酒。肯　落　他　人　后。
tsam4　fong1　dzoi3　dzau2　hang2　lok9　taa1　jan4　hau6
平　平　仄　仄　仄　仄　平　平　仄
\　V-　\　\　\　⌣⌣　\　\　⌣⌣

　　　　　　3　　3
只　　恐　　远　　归　　来，
dzi2　hung2　jyn5　gwai1　loi4
仄　　仄　　仄　　平　　平
\　　 \　　 \　　 \　　 V-

　　　3　　3　　3　　3　　3
绿　　成　　阴、青　　梅　　如　　豆。
luk9　sing4　jam1　tsing1　mui4　jy4　dau6
仄　　平　　平　　平　　平　　平　　仄
\　　 \　　 V-　 \　　 V-　 \　　 ⌣⌣

3　　3　　　　　　　　　3　　3　　3　　3
心　　期　　得　　处，每　　自　　不　　由　　人，长　　亭　　柳。
sam1　kei4　dak7　tsy3　mui5　dzi6　bat7　jau4　jan4　tsoeng4　ting4　lau5
平　　平　　仄　　仄　　仄　　仄　　仄　　平　　平　　平　　平　　仄
\　　 V-　 \　　 \　　 \　　 \　　 \　　 V-　 V　　 \　　 \　　 ⌣⌣

3　　3　　　　3　　　　　3　　3
君　　知　　否。千　　里　　犹　　回　　首。
gwan1　dzi1　fau2　tsin1　lei5　jau4　wui4　sau2
平　　平　　仄　　平　　仄　　平　　平　　仄
V　　 \　　 ⌣⌣　 \　　 \　　 \　　 \　　 ⌣⌣

《蓦山溪》，双调八十二字，上片五仄韵，下片六仄韵。

61. 洞仙歌 夏夜

[宋] 苏轼

3	3			3	3̇	3̇		
冰	肌	玉	骨，	自	清	凉	无	汗。
bing1	gei1	juk9	gwat7	dzi6	tsing1	loeng4	mou4	hon6
平	平	仄	仄	仄	平	平	平	仄
\	V-	\	\	\	\	V-	\	⌣⌣

		3	3̇	3		
水	殿	风	来	暗	香	满。
soey2	din6	fung1	loi4	am3	hoeng1	mun5
仄	仄	平	平	仄	平	仄
\	\	\	V-	\	\	⌣⌣

3̇	3			3̇		3	3̇	
绣	帘	开、	一	点	明	月	窥	人，
sau3	lim4	hoi1	jat7	dim2	ming4	jyt9	kwai1	jan4
仄	平	平	仄	仄	平	仄	平	平
\	\	V-	\	\	\	\	\	V-

3̇			3		3	3̇		
人	未	寝，	欹	枕	钗	横	鬓	乱。
jan4	mei6	tsam2	kei1	dzam2	tsaai1	waang4	ban3	lyn6
平	仄	仄	平	仄	平	平	仄	仄
V	\	\	\	\	\	V-	\	⌣⌣

起	来	携	素	手，	庭	户	无	声，
3̇		3̇			3̇		3̇	3
hei2	loi4	kwai4	sou3	sau2	ting4	wu6	mou4	sing1
仄	平	平	仄	仄	平	仄	平	平
\	V-	\	\	\	\	\	\	V-

时	见	疏	星	渡	河	汉。
3̇		3	3		3̇	
si4	gin3	so1	sing1	dou6	ho4	hon3
平	仄	平	平	仄	平	仄
\	\	\	V-	\	\	⌣

试	问	夜	如	何，	夜	已	三	更，
			3̇	3̇		3̇	3	3
si3	man6	je6	jy4	ho4	je6	ji5	saam1	gaang1
仄	仄	仄	平	平	仄	仄	平	平
\	\	\	\	V-	\	\	\	V-

金	波	淡、	玉	绳	低	转。
3	3			3̇	3	
gam1	bo1	daam6	juk9	sing4	dai1	dzyn2
平	平	仄	仄	平	平	仄
V	\	\	\	V-	\	⌣⌣

但	屈	指、	西	风	几	时	来，
			3̇	3̇		3̇	3
daan6	wat7	dzi2	sai1	fung1	gei2	si4	loi4
仄	仄	仄	平	平	仄	平	平
\	\	\	\	V-	\	\	V-

		3·	3·		3	3	
又	只	恐	流	年，	暗	中	偷	换。
jau6	dzi2	hung2	lau4	nin4	am3	dzung1	tau1	wun6
仄	仄	仄	平	平	仄	平	平	仄
\	\	\	\	V-	\	V-	\	~~

《洞仙歌》，双调八十三字，上下片各三仄韵。

62. 潇湘夜雨 灯花

[宋] 赵长卿

5·		5·	2	2	5·	5·	
斜	点	银	釭，	高	擎	莲	炬，
tse4	dim2	ngan4	gong1	gou1	king4	lin4	goey6
平	仄	平	平	平	平	平	仄
\	\	\	V-	\	V-	\	\

		5·		5·	2
夜	寒	不	耐	微	风。
je6	hon4	bat7	noi6	mei4	fung1
仄	平	仄	仄	平	平
\	V-	\	\	\	~~

5·	5·	5·				5·	2
重	重	帘	幕，	掩	映	画	堂	中。
tsung4	tsung4	lim4	mok9	jim2	jing2	waa6	tong4	dzung1
平	平	平	仄	仄	仄	仄	平	平
\	\	\	V-	\	\	\	\	~~

  2   5 2
香　渐　远、长　烟　袅　毵，
hoeng1 dzim6 jyn5 tsoeng4 jin1 niu5 soey6
平　仄　仄　平　平　仄　仄
V　＼　＼　＼　V-　＼　＼

  2   5   5 5
光　不　定、寒　影　摇　红。
gwong1 bat7 ding6 hon4 jing2 jiu4 hung4
平　仄　仄　平　仄　平　平
＼　＼　＼　＼　＼　＼　~~

  2 5   2 5
偏　奇　处、当　庭　月　暗，
pin1 kei4 tsy3 dong1 ting4 jyt9 am3
平　平　仄　平　平　仄　仄
V　＼　＼　＼　V-　＼　＼

       5 5
吐　焰　亘　如　虹。
tou3 jim6 gang2 jy4 hung4
仄　仄　仄　平　平
＼　＼　＼　＼　~~

  5 5 5
红　裳　呈　艳　丽，
hung4 soeng4 tsing4 jim6 lai6
平　平　平　仄　仄
＼　V-　＼　＼　＼

粤语吟诵《白香词谱》一百例   119

5̇ 5̇ 5̇ 2
翠   娥   一   见， 无   奈   狂   踪。
tsoey3 ngo4 jat7 gin3 mou4 noi6 kong4 dzung1
仄   平   仄   仄   平   仄   平   平
\   V- \   \   \   \   \   ~~

5̇ 2 2 5̇
试   烦   纤   手， 卷   上   纱   笼。
si3 faan4 tsim1 sau2 gyn2 soeng5 saa1 lung4
仄   平   平   仄   仄   仄   平   平
\   V- \   \   \   \   \   ~~

2 5̇ 2
开   正   好、 银   花   照   夜，
hoi1 dzing3 hou2 ngan4 faa1 dziu3 je6
平   仄   仄   平   平   仄   仄
V   \   \   \   V- \   \

2 2 5̇ 2
堆   不   尽、 金   粟   凝   空。
doey1 bat7 dzoen6 gam1 suk7 jing4 hung1
平   仄   仄   平   仄   平   平
\   \   \   \   \   \   ~~

2 5̇ 5̇ 2
叮   咛   语， 频   将   好   事，
ding1 ning4 jy5 pan4 dzoeng1 hou2 si6
平   平   仄   平   平   仄   仄
V   \   \   \   V- \   \

			5̇		5̇	2
来	报	主	人		公	。
loi4	bou3	dzy2	jan4		gung1	
平	仄	仄	平		平	
\	\	\	\		~~	

《潇湘夜雨》，双调九十六字，上下片各四平韵。

63. 满江红 金陵怀古

[元] 萨都剌

		3̇	3	3			3̇	3	
六	代	豪	华，	春	去	也、	更	无	消	息。
luk9	doi6	hou4	waa4	tsoen1	hoey3	jaa5	gang3	mou4	siu1	sik7
仄	仄	平	平	平	仄	仄	仄	平	平	仄
\	\	\	V-	V	\	\	V-	\	\	⌣

3			3	3	3̇		3	3̇	
空	怅	望，	山	川	形	胜，	已	非	畴	昔。
hung1	tsoeng3	mong6	saan1	tsyn1	jing4	sing3	ji5	fei1	tsau4	sik7
平	仄	仄	平	平	平	仄	仄	平	平	仄
V	\	\	\	\	V-	\	\	V-	\	⌣

3̇		3̇	3̇	3		
王	谢	堂	前	双	燕	子，
wong4	dze6	tong4	tsin4	soeng1	jin3	dzi2
平	仄	平	平	平	仄	仄
\	\	\	V-	V	\	\

粤语吟诵《白香词谱》一百例　　121

　　　　　　　3·　　3
乌　衣　巷　口　曾　相　识。
wu1　ji1　hong6 hau2 tsang4 soeng1 sik7
平　平　仄　仄　平　平　仄
\　V-　\　\　\　\　⌣

　　　　　　3·　　　　　3　　3·　　3　　3·
听　夜　深、寂　寞　打　孤　城，春　潮　急。
ting6 je6 sam1 dzik9 mok9 daa2 gu1 sing4 tsoen1 tsiu4 gap7
仄　仄　平　仄　仄　仄　平　平　平　平　仄
\　\　V-　\　\　\　\　V-　\　\　⌣

3·　　　　3·　　3·
思　往　事，愁　如　织。
si1　wong5 si6　sau4 jy4 dzik7
平　仄　仄　平　平　仄
\　\　\　\　\　⌣

3·　　　　3·　　3·
怀　故　国，空　陈　迹。
waai4 gu3 gwok8 hung1 tsan4 dzik7
平　仄　仄　平　平　仄
\　\　\　\　\　⌣

　　　　3　　3　　3　　　　3　　3·
但　荒　烟　衰　草，乱　鸦　斜　日。
daan6 fong1 jin1 soey1 tsou2 lyn6 aa1 tse4 jat9
仄　平　平　平　仄　仄　平　平　仄
\　\　V-　\　\　\　V-　\　⌣⌣

```
       3      3·    3
玉    树    歌    残    秋    露    冷，
juk9  sy6   go1   tsaan4 tsau1 lou6  laang5
仄    仄    平    平    平    仄    仄
\     \     \     V-    V     \     \


3     3·                3·    3
胭    脂    井    坏    寒    螀    泣。
jin1  dzi1  dzing2 waai6 hon4 dzoeng1 jap7
平    平    仄    仄    平    平    仄
\     V-    \     \     \     \     ⌣
```

```
       3·  3                    3    3·   3
到    如   今、只   有   蒋   山   青，秦   淮   碧。
dou3  jy4  gam1 dzi2 jau5 dzoeng2 saan1 tsing1 tsoen4 waai4 bik7
仄    平   平   仄   仄   仄   平   平   平   平   仄
\     \    V-   \    \    \    \    V-   \    \    ⌣⌣
```

《满江红》，双调九十三字，上片四仄韵，下片五仄韵。入声韵脚不拖腔者以⌣标注。

64. 玉漏迟 咏怀

[金] 元好问

```
        3    3
淅    江    归    路    杳。
sik7  gong1 gwai1 lou6  miu5
仄    平    平    仄    仄
\     V-    \     \     ∨∨

3     3                3     3     3
西    南    却    羡,   投    林    高    鸟。
sai1  naam4 koek8 sin6  tau4  lam4  gou1  niu5
平    平    仄    仄    平    平    平    仄
\     V-    \     \     \     V-    \     ∨∨

3          3     3                      3     3
升    斗    微    官,   世    累    苦    相    萦    绕。
sing1 dau2  mei4  gun1  sai3  loey6 fu2   soeng1 jing4 jiu2
平    仄    平    平    仄    仄    仄    平    平    仄
\     \     \     V-    \     \     \     V-    \     ∨∨

              3     3
不    似    麒    麐    画    里,
bat7  tsi5  kei4  loen4 waa6  loey5
仄    仄    平    平    仄    仄
\     \     \     V-    \     \
```

又　　不　　与、　巢　　由　　同　　调。
jau6　bat7　jy5　tsaau4　jau4　tung4　diu6
仄　　仄　　仄　　平　　平　　平　　仄
\　　\　　\　　\　　V-　　\　　⌣⌣

时　　自　　笑。
si4　dzi6　siu3
平　　仄　　仄
V　　\　　⌣

虚　　名　　负　　我，　半　　生　　吟　　啸。
hoey1　ming4　fu6　ngo5　bun3　sang1　jam4　siu3
平　　平　　仄　　仄　　仄　　平　　平　　仄
\　　V-　　\　　\　　\　　V-　　\　　⌣⌣

扰　　扰　　马　　足　　车　　尘，被　　岁　　月　　无　　情，
jiu2　jiu2　maa5　dzuk7　goey1　tsan4　bei6　soey3　jyt9　mou4　tsing4
仄　　仄　　仄　　仄　　平　　平　　仄　　仄　　仄　　平　　平
\　　\　　\　　\　　\　　V-　　\　　\　　\　　\　　V-

暗　　消　　年　　少。
am3　siu1　nin4　siu3
仄　　平　　平　　仄
\　　V-　　\　　⌣⌣

3	3	3				3	3	
钟	鼎	山	林，	一	事	几	时	能	了。
dzung1	ding2	saan1	lam4	jat7	si6	gei2	si4	nang4	liu5
平	仄	平	平	仄	仄	仄	平	平	仄
\	\	\	V-	\	\	\	V-	\	⌣⌣

		3	3		
四	壁	秋	虫	夜	雨，
sei3	bik7	tsau1	tsung4	je6	jy5
仄	仄	平	平	仄	仄
\	\	\	V-	\	\

			3	3	3	
更	一	点、	残	灯	斜	照。
gang3	jat7	dim2	tsaan4	dang1	tse4	dziu3
仄	仄	仄	平	平	平	仄
\	\	\	\	V-	\	⌣⌣

3						3	3
清	镜	晓。| 白	发	又	添	多	少。
tsing1	geng3	hiu2	baak9	faat8	jau6	tim1	do1	siu2
平	仄	仄	仄	仄	仄	平	平	仄
V	\	⌣⌣	\	\	\	V-	\	⌣⌣

《玉漏迟》，双调九十四字，上片六仄韵，下片五仄韵。

65.水调歌头
丙辰中秋，欢饮达旦，大醉，作此篇，兼怀子由

[宋] 苏轼

5	5					2	2
明	月	几	时	有，	把	酒	问	青	天。
ming4	jyt9	gei2	si4	jau5	baa2	dzau2	man6	tsing1	tin1
平	仄	仄	平	仄	仄	仄	仄	平	平
\	\	\	\	\	\	\	\	\	~~

	2	2	2		2			5	5
不	知	天	上	宫	阙，	今	夕	是	何	年。
bat7	dzi1	tin1	soeng6	gung1	kyt8	gam1	dzik9	si6	ho4	nin4
仄	平	平	仄	平	仄	平	仄	仄	平	平
\	V-	\	\	\	\	\	\	\	\	~~

		5	2	2	
我	欲	乘	风	归	去。
ngo5	juk9	sing4	fung1	gwai1	hoey3
仄	仄	平	平	平	仄
\	\	\	V-	\	⌣

		5	5		
又	恐	琼	楼	玉	宇。
jau6	hung2	king4	lau4	juk9	jy5
仄	仄	平	平	仄	仄
\	\	\	V-	\	⌣⌣

粤语吟诵《白香词谱》一百例　　127

　　　2　　　　　　2　　　5̇
高　处　不　胜　寒。
gou1　tsy3　bat7　sing1　hon4
平　仄　仄　平　平
\　\　\　\　~~

　　　　　　　2　　　5̇　　　　　5̇　2
起　舞　弄　清　影，何　似　在　人　间。
hei2　mou5　lung6　tsing1　jing2　ho4　tsi5　dzoi6　jan4　gaan1
仄　仄　仄　平　仄　平　仄　仄　平　平
\　\　\　\　\　\　\　\　\　~~

　　　2　　　2　　　　　　　5̇　　5̇
转　朱　阁，低　绮　户，照　无　眠。
dzyn2　dzy1　gok8　dai1　ji2　wu6　dziu3　mou4　min4
仄　平　仄　平　仄　仄　仄　平　平
\　\　\　\　\　\　\　\　~~

　　　2　　　　5̇　　　5̇　　　　5̇　　5̇
不　应　有　恨，何　事　长　向　别　时　圆。
bat7　jing1　jau5　han6　ho4　si6　tsoeng4　hoeng3　bit9　si4　jyn4
仄　平　仄　仄　平　仄　平　仄　仄　平　平
\　\/-　\　\　\　\　\　\　\　\　~~

5̇　　　2　　2　　5̇
人　有　悲　欢　离　合。
jan4　jau5　bei1　fun1　lei4　hap9
平　仄　平　平　平　仄
\　\　\　\/-　\　⌣

$$
\begin{array}{cccccc}
 & & \dot{2} & \dot{5} & \dot{5} & \\
月 & 有 & 阴 & 晴 & 圆 & 缺。\\
jyt9 & jau5 & jam1 & tsing4 & jyn4 & kyt8\\
仄 & 仄 & 平 & 平 & 平 & 仄\\
\backslash & \backslash & \backslash & \vee\text{-} & \backslash & \smile
\end{array}
$$

$$
\begin{array}{ccccc}
 & & \dot{5} & \dot{5} & \\
此 & 事 & 古 & 难 & 全。\\
tsi2 & si6 & gu2 & naan4 & tsyn4\\
仄 & 仄 & 仄 & 平 & 平\\
\backslash & \backslash & \backslash & \backslash & \sim\sim
\end{array}
$$

$$
\begin{array}{ccccccccc}
 & & \dot{5} & \dot{5} & & 2 & & \dot{5} & 2\\
但 & 愿 & 人 & 长 & 久, & 千 & 里 & 共 婵 & 娟。\\
daan6 & jyn6 & jan4 & tsoeng4 & gau2 & tsin1 & lei5 & gung6\ sim4 & gyn1\\
仄 & 仄 & 平 & 平 & 仄 & 平 & 仄 & 仄\ 平 & 平\\
\backslash & \backslash & \backslash & \backslash & \backslash & \backslash & \backslash & \backslash\ \backslash & \sim\sim
\end{array}
$$

《水调歌头》，双调九十五字，上下片各四平韵两仄韵。仄韵句以平韵格定调，入声韵脚不拖腔者以⌣标注。

66. 满庭芳 春游

[宋] 秦观

		5·	2	2	5·	5·	
晓	色	云	开，	春	随	人	意，
hiu2	sik7	wan4	hoi1	tsoen1	tsoey4	jan4	ji3
仄	仄	平	平	平	平	平	仄
\	\	\	V-	\	V-	\	\

		5·		5·	5·
骤	雨	才	过	还	晴。
dzaau6	jy5	tsoi4	gwo3	waan4	tsing4
仄	仄	平	仄	平	平
\	\	\	\	\	~~

	5·	2		2		5·	2
古	台	芳	榭，	飞	燕	蹴	红	英。
gu2	toi4	fong1	dze6	fei1	jin3	tsuk7	hung4	jing1
仄	平	平	仄	平	仄	仄	平	平
\	V-	\	\	\	\	\	\	~~

		5·	5·		
舞	困	榆	钱	自	落，
mou5	kwan3	jy4	tsin4	dzi6	lok9
仄	仄	平	平	仄	仄
\	\	\	V-	\	\

```
 2    2                5·   5·
 秋    千    外、  绿    水    桥    平。
tsau1 tsin1 ngoi6 luk9 soey2 kiu4 ping4
 平    平    仄    仄    仄    平    平
 ∨    \    \    \    \    \    ~~

 2    2         2    5·
 东    风    里，朱    门    映    柳，
dung1 fung1 loey5 dzy1 mun4 jing2 lau5
 平    平    仄    平    平    仄    仄
 ∨    \    \    \    ∨-   \    \

 2         5·        2
 低    按    小    秦    筝。
dai1  on3  siu2 tsoen4 dzang1
 平    仄    仄    平    平
 \    \    \    \    ~~

 2    5·
 多    情。
do1  tsing4
 平    平
 \    ~~

 5·              2    5·                   5·   2
 行    乐    处，珠    钿    翠    盖，玉    箸    红    缨。
hang4 lok9 tsy3 dzy1 tin4 tsoey3 goi3 juk9 bei3 hung4 jing1
 平    仄    仄    平    平    仄    仄    仄    仄    平    平
 \    \    \    \    ∨-   \    \    \    \    \    ~~
```

	2	2		2		5	5
渐	酒	空	金	榼，	花	困	蓬	瀛。
dzim6	dzau2	hung1	gam1	hap9	faa1	kwan3	pung4	jing4
仄	仄	平	平	仄	平	仄	平	平
\	\	V-	\	\	\	\	\	~~

			2	5	
豆	蔻	梢	头	旧	恨，
dau6	kau3	saau1	tau4	gau6	han6
仄	仄	平	平	仄	仄
\	\	\	V-	\	\

		5			2	2
十	年	梦、	屈	指	堪	惊。
sap9	nin4	mung6	wat7	dzi2	ham1	ging1
仄	平	仄	仄	仄	平	平
\	\	\	\	\	\	~~

5	5		2	2		
凭	栏	久，	疏	烟	淡	日，
pang4	laan4	gau2	so1	jin1	daam6	jat9
平	平	仄	平	平	仄	仄
V	\	\	\	V-	\	\

			5	5
寂	寞	下	芜	城。
dzik9	mok9	haa6	mou4	sing4
仄	仄	仄	平	平
\	\	\	\	~~

《满庭芳》，双调九十五字，上下片各四平韵。

67. 凤凰台上忆吹箫 别情

[宋] 李清照

2		2	5		2		5	
香	冷	金	猊，	被	翻	红	浪，
hoeng1	laang5	gam1	ngai4	pei5	faan1	hung4	long6
平	仄	平	平	仄	平	平	仄
\	\	\	V-	\	V-	\	\

	5	5		2	5	
起	来	慵	自	梳	头。
hei2	loi4	jung4	dzi6	so1	tau4
仄	平	平	仄	平	平
\	V-	\	\	\	~~

		5	5		5		5	2
任	宝	奁	尘	满，	日	上	帘	钩。
jam6	bou2	lim4	tsan4	mun5	jat9	soeng5	lim4	ngau1
仄	仄	平	平	仄	仄	仄	平	平
\	\	V-	\	\	\	\	\	~~

2		5	5			
生	怕	离	怀	别	苦，
sang1	paa3	lei4	waai4	bit9	fu2
平	仄	平	平	仄	仄
\	\	\	V-	\	\

	2			5·	2	
多	少	事、	欲	说	还	休。
do1	siu2	si6	juk9	syt8	waan4	jau1
平	仄	仄	仄	仄	平	平
∨	＼	＼	＼	＼	＼	~~

2	5·		2	2				2	2
新	来	瘦，	非	干	病	酒，	不	是	悲	秋。
san1	loi4	sau3	fei1	gon1	beng6	dzau2	bat7	si6	bei1	tsau1
平	平	仄	平	平	仄	仄	仄	仄	平	平
∨	＼	＼	＼	∨-	＼	＼	＼	＼	＼	~~

2	2	5·			2			5·	2
休	休。	这	回	去	也，	千	万	遍	阳	关，
jau1	jau1	dze3	wui4	hoey3	jaa5	tsin1	maan6	pin3	joeng4	gwaan1
平	平	仄	平	仄	仄	平	仄	仄	平	平
＼	~~	＼	∨-	＼	＼	＼	＼	＼	＼	∨-

		5·	5·
也	则	难	留。
jaa5	dzak7	naan4	lau4
仄	仄	平	平
＼	＼	＼	~~

		5·	5·		2		5·	5·
念	武	陵	人	远，	烟	锁	秦	楼。
nim6	mou5	ling4	jan4	jyn5	jin1	so2	tsoen4	lau4
仄	仄	平	平	仄	平	仄	平	平
＼	＼	∨-	＼	＼	＼	＼	＼	~~

5̇	5̇	5̇	5̇			
惟	有	楼	前	流	水，	
wai4	jau5	lau4	tsin4	lau4	soey2	
平	仄	平	平	平	仄	
\	\	\	V-	\	\	

2		2		5̇	5̇	
应	念	我、	终	日	凝	眸。
jing1	nim6	ngo5	dzung1	jat9	jing4	mau4
平	仄	仄	平	仄	平	平
V	\	\	\	\	\	~~

5̇	5̇	5̇	2	2		2	5̇
凝	眸	处、	从	今	又	添，	一	段	新	愁。
jing4	mau4	tsy3	tsung4	gam1	jau6	tim1	jat7	dyn6	san1	sau4
平	平	仄	平	平	仄	平	仄	仄	平	平
\	\	\	\	V-	\	V-	\	\	\	~~

《凤凰台上忆吹箫》，双调九十五字，上片四平韵，下片五平韵。

68. 烛影摇红 惜春

[宋] 周邦彦

3	3	3	3̇		3			3	3	
香	脸	轻	匀，	黛	眉	巧	画	宫	妆	浅。
hoeng1	lim5	hing1	wan4	doi6	mei4	haau2	waak9	gung1	dzong1	tsin2
平	仄	平	平	仄	平	仄	仄	平	平	仄
\	\	\	V-	\	V-	\	\	\	\	~~

3	3	3			3	3
风	流	天	付	与	精	神，
fung1	lau4	tin1	fu6	jy5	dzing1	san4
平	平	平	仄	仄	平	平
\	V-	\	\	\	\	V-

3		3	3	
全	在	娇	波	转。
tsyn4	dzoi6	giu1	bo1	dzyn2
平	仄	平	平	仄
\	\	\	\	⌣⌣

		3	3		
早	是	萦	心	可	惯。
dzou2	si6	jing4	sam1	ho2	gwaan3
仄	仄	平	平	仄	仄
\	\	\	V-	\	⌣⌣

	3		3	3		
更	那	堪、	频	频	顾	盼。
gang3	no4	ham1	pan4	pan4	gu3	paan3
仄	平	平	平	平	仄	仄
\	\	V-	\	V-	\	⌣⌣

3	3				3	3	3		
几	回	相	见，	见	了	还	休，	争	如	不	见。
gei2	wui4	soeng1	gin3	gin3	liu5	waan4	jau1	dzang1	jy4	bat7	gin3
仄	平	平	仄	仄	仄	平	平	平	平	仄	仄
\	V-	\	\	\	\	V-	\	V-	\	\	⌣⌣

烛　影　摇　红，　夜　阑　饮　散　春　宵　短。
dzuk7 jing2 jiu4 hung4　je6 laan4 jam2 saan3 tsoen1 siu1 dyn2
仄　仄　平　平　　仄　平　仄　仄　平　平　仄
\　\　\　V-　\　V-　\　\　\　\　⌣⌣

当　时　谁　解　唱　阳　关，
dong1 si4　soey4 gaai2 tsoeng3 joeng4 gwaan1
平　平　平　仄　仄　平　平
\　V-　\　\　\　\　V-

离　恨　天　涯　远。
lei4　han6　tin1　ngaai4　jyn5
平　仄　平　平　仄
\　\　\　\　⌣⌣

无　奈　云　收　雨　散。
mou4 noi6　wan4　sau1　jy5　saan3
平　仄　平　平　仄　仄
\　\　\　V-　\　⌣⌣

凭　栏　干、　东　风　泪　眼。
bang6 laan4 gon1　dung1 fung1 loey6 ngaan5
仄　平　平　平　平　仄　仄
\　\　V-　\　V-　\　⌣⌣

	3·	3				3·	3
海	棠	开	后，	燕	子	来	时，
hoi2	tong4	hoi1	hau6	jin3	dzi2	loi4	si4
仄	平	平	仄	仄	仄	平	平
\	\/-	\	\	\	\	\	\/-

3·	3	3·	
黄	昏	庭	院。
wong4	fan1	ting4	jyn6
平	平	平	仄
\	\/-	\	⌣⌣

《烛影摇红》，双调九十六字，上下片各五仄韵。

69.暗香 咏红豆

[清] 朱彝尊

3·	3	3	
凝	珠	吹	黍。
jing4	dzy1	tsoey1	sy2
平	平	平	仄
\	\/-	\	⌣

		3·			3	3·	3
似	早	梅	乍	萼，	新	桐	初	乳。
tsi5	dzou2	mui4	dzaa3	ngok9	san1	tung4	tso1	jy5
仄	仄	平	仄	仄	平	平	平	仄
\	\	\/-	\	\	\	\/-	\	⌣⌣

莫是珊瑚，零落敲残石家树。
mok9 si6 saan1 wu4 ling4 lok9 haau1 tsaan4 sek9 gaa1 sy6
仄 仄 平 平 平 仄 平 平 仄 平 仄
\ \ \ V- \ \ \ V- \ \ ⌣⌣

记得南中旧事，
gei3 dak7 naam4 dzung1 gau6 si6
仄 仄 平 平 仄 仄
\ \ \ V- \ \

金齿屐、小鬟蛮女。
gam1 tsi2 kek9 siu2 waan4 maan4 noey5
平 仄 仄 仄 平 平 仄
V \ \ \ V- \ ⌣⌣

向两岸、树底盈盈，素手摘新雨。
hoeng3 loeng5 ngon6 sy6 dai2 jing4 jing4 sou3 sau2 dzaak9 san1 jy5
仄 仄 仄 仄 仄 平 平 仄 仄 仄 平 仄
\ \ \ \ \ V- \ \ \ \ ⌣⌣

延伫。碧云暮。
jin4 tsy5 bik7 wan4 mou6
平 仄 仄 平 仄
\ ⌣⌣ \ \ ⌣⌣

粤语吟诵《白香词谱》一百例　139

休　逗　入　茜　裙，欲　寻　无　处。
jau1　dau6　jap9　sin6　kwan4　juk9　tsam4　mou4　tsy3
平　仄　仄　仄　平　仄　平　平　仄
\　\　\　\　V-　\　V-　\　⌣⌣

唱　歌　归　去。先　向　绿　窗　饲　鹦　鹉。
tsoeng3　go1　gwai1　hoey3　sin1　hoeng3　luk9　tsoeng1　dzi6　jing1　mou5
仄　平　平　仄　平　仄　仄　平　仄　平　仄
\　V-　\　⌣⌣　\　\　\　V-　\　\　⌣⌣

惆　怅　檀　郎　路　远，
tsau4　tsoeng3　taan4　long4　lou6　jyn5
平　仄　平　平　仄　仄
\　\　\　V-　\　\

待　寄　与、相　思　犹　阻。
doi6　gei3　jy5　soeng1　si1　jau4　dzo2
仄　仄　仄　平　平　平　仄
\　\　\　V-　\　\　⌣⌣

烛　影　下、开　玉　合，背　人　偷　数。
dzuk7　jing2　haa6　hoi1　juk9　hap9　bui3　jan4　tau1　sou2
仄　仄　仄　平　仄　仄　仄　平　平　仄
\　\　\　\　\　\　\　V-　\　⌣⌣

《暗香》，双调九十七字，上片五仄韵，下片七仄韵。

70. 声声慢 秋情

[宋] 李清照

寻	寻	觅	觅。	冷	冷	清	清，
tsam4	tsam4	mik9	mik9	laang5	laang5	tsing1	tsing1
平	平	仄	仄	仄	仄	平	平
\	V-	\	⌣	\	\	\	V-

凄	凄	惨	惨	戚	戚。
tsai1	tsai1	tsaam2	tsaam2	tsik7	tsik7
平	平	仄	仄	仄	仄
\	V-	\	\	\	⌣⌣

乍	暖	还	寒	时	候，	最	难	将	息。
dzaa3	nyn5	waan4	hon4	si4	hau6	dzoey3	naan4	dzoeng1	sik7
仄	仄	平	平	平	仄	仄	平	平	仄
\	\	\	V-	\	\	\	V-	\	⌣

三	杯	两	盏	淡	酒，
saam1	bui1	loeng5	dzaan2	daam6	dzau2
平	平	仄	仄	仄	仄
\	V-	\	\	\	\

```
             3        3    3
怎   敌   他、 晚   来   风   急。
dzam2 dik9 taa1 maan5 loi4 fung1 gap7
仄   仄   平   仄   平   平   仄
\   \   V-  \   V-  \   ⌣
```

```
                  3  3              3   3
雁  过  也， 正   伤   心、 却  是  旧  时   相   识。
ngaan6 gwo3 jaa5 dzing3 soeng1 sam1 koek8 si6 gau6 si4 soeng1 sik7
仄   仄   仄   仄   平   平   仄   仄   仄   平   平   仄
\   \   \   \   V-  \   \   \   \   V-  \   ⌣
```

```
             3   3   3
满   地   黄   花   堆   积。
mun5 dei6 wong4 faa1 doey1 dzik7
仄   仄   平   平   平   仄
\   \   \   V-  \   ⌣⌣
```

```
3           3   3          3   3
憔   悴   损、 而   今   又   谁   堪   摘。
tsiu4 soey6 syn2 ji4 gam1 jau6 soey4 ham1 dzaak9
平   仄   仄   平   平   仄   平   平   仄
V   \   \   \   V-  \   V-  \   ⌣⌣
```

```
          3   3          3
守   着   窗   儿， 独   自   怎   生   得   黑。
sau2 dzoek9 tsoeng1 ji4 duk9 dzi6 dzam2 sang1 dak7 hak7
仄   仄   平   平   仄   仄   仄   平   仄   仄
\   \   \   V-  \   \   \   V-  \   ⌣
```

```
   3     3            3
   梧    桐    更      兼     细     雨，
   ng4  tung4 gang3   gim1   sai3   jy5
   平    平    仄      平     仄     仄
   \    V-    \      V-     \     \


              3     3
   到    黄    昏、   点     点     滴     滴。
   dou3 wong4 fan1  dim2   dim2   dik9   dik9
   仄    平    平    仄     仄     仄     仄
   \    \    V-     \     \      \     ⌣⌣


                                  3
   这   次    第，   怎    一    个    愁    字    了    得。
   dze3 tsi3 dai6  dzam2 jat7  go3  sau4  dzi6 liu5  dak7
   仄   仄   仄    仄   仄    仄    平   仄    仄   仄
   \   \   \    \   \    \    \   \    \   ⌣
```

《声声慢》，双调九十七字，上下片各五仄韵。入声韵脚不拖腔者以⌣标注。

71.双双燕 本意

[宋] 史达祖

```
       3                3     3    3
   过   春    社    了，  度    帘    幕    中    间，
   gwo3 tsoen1 se5  liu5 dou6 lim4  mok9  dzung1 gaan1
   仄   平    仄    仄   仄   平    仄    平    平
   \   \    \    \   \   \    \    \    V-
```

　　　　３　３
　　去　年　尘　冷。
　　hoey3 nin4　tsan4　laang5
　　仄　平　平　仄
　　\　V-　\　⌣⌣

３　３　　　　　　　　　　　　３　３
差　池　欲　住，试　入　旧　巢　相　并。
tsi1 tsi4 juk9 dzy6　si3　jap9 gau6 tsaau4 soeng1 bing6
平　平　仄　仄　仄　仄　仄　平　平　仄
\　V-　\　\　\　\　\　V-　\　⌣⌣

３　　　３　３
还　相　雕　梁　藻　井。
waan4 soeng3 diu1 loeng4 dzou2 dzing2
平　仄　平　平　仄　仄
\　\　\　V-　\　⌣⌣

　　　　　　３　３
又　软　语、商　量　不　定。
jau6 jyn5 jy5　soeng1 loeng4 bat7 ding6
仄　仄　仄　平　平　仄　仄
\　\　\　V-　\　⌣⌣

３　３　　　　３　３
飘　然　快　拂　花　梢，
piu1 jin4 faai3 fat7 faa1 saau1
平　平　仄　仄　平　平
\　V-　\　\　\　V-

		3	3	3	
翠	尾	分	开	红	影。
tsoey3	mei5	fan1	hoi1	hung4	jing2
仄	仄	平	平	平	仄
\	\	\	∨-	\	⌣⌣

3		3	3		
芳	径。	芹	泥	雨	润。
fong1	ging3	kan4	nai4	jy5	joen6
平	仄	平	平	仄	仄
\	⌣	\	∨-	\	⌣⌣

		3	3		3	3	
爱	贴	地	争	飞，	竞	夸	轻	俊。
oi3	tip8	dei6	dzang1	fei1	ging6	kwaa1	hing1	dzoen3
仄	仄	仄	平	平	仄	平	平	仄
\	\	\	\	∨-	\	∨-	\	⌣⌣

3	3	3				3	3	
红	楼	归	晚，	看	足	柳	昏	花	暝。
hung4	lau4	gwai1	maan5	hon3	dzuk7	lau5	fan1	faa1	ming5
平	平	平	仄	仄	仄	仄	平	平	仄
\	∨-	\	\	\	\	\	∨-	\	⌣

3	3	3			
应	是	栖	香	正	稳。
jing1	si6	tsai1	hoeng1	dzing3	wan2
平	仄	平	平	仄	仄
\	\	\	∨-	\	⌣⌣

便	忘	了,	天	涯	芳	信。
bin6	mong4	liu5	tin1	ngaai4	fong1	soen3
仄	平	仄	平	平	平	仄
\	\	\	\	V-	\	⌣⌣

愁	损	翠	黛	双	蛾,
sau4	syn2	tsoey3	doi6	soeng1	ngo4
平	仄	仄	仄	平	平
\	\	\	\	\	V-

日	日	画	栏	独	凭。
jat9	jat9	waa6	laan4	duk9	bang6
仄	仄	仄	平	仄	仄
\	\	\	V-	\	⌣⌣

《双双燕》，双调九十八字，上片五仄韵，下片七仄韵。

72. 昼夜乐 忆别

[宋] 柳永

洞	房	记	得	初	相	遇。
dung6	fong4	gei3	dak7	tso1	soeng1	jy6
仄	平	仄	仄	平	平	仄
\	V-	\	\	\	\	⌣⌣

便　　只　　合、　长　　相　　聚。
bin6　dzi2　hap9　tsoeng4　soeng1　dzoey6
仄　　仄　　仄　　平　　平　　仄
\　　\　　\　　\　　\　　⌣⌣

何　　期　　小　　会　　幽　　欢，
ho4　kei4　siu2　wui6　jau1　fun1
平　　平　　仄　　仄　　平　　平
\　　V-　　\　　\　　\　　V-

变　　作　　别　　离　　情　　绪。
bin3　dzok8　bit9　lei4　tsing4　soey5
仄　　仄　　仄　　平　　平　　仄
\　　\　　\　　V-　　\　　⌣⌣

况　　值　　阑　　珊　　春　　色　　暮。
fong3　dzik9　laan4　saan1　tsoen1　sik7　mou6
仄　　仄　　平　　平　　平　　仄　　仄
\　　\　　\　　V-　　\　　\　　⌣⌣

对　　满　　目、　乱　　花　　狂　　絮。
doey3　mun5　muk9　lyn6　faa1　kong4　soey5
仄　　仄　　仄　　仄　　平　　平　　仄
\　　\　　\　　\　　V-　　\　　⌣⌣

粤语吟诵《白香词谱》一百例

直 恐 好 风 光, 尽 随 伊 归 去。
dzik9 hung2 hou2 fung1 gwong1 dzoen6 tsoey4 ji1 gwai1 hoey3
仄 仄 仄 平 平 仄 平 平 平 仄
\ \ \ \ V- \ V- \ \ ⌣⌣

一 场 寂 寞 凭 谁 诉。
jat7 tsoeng4 dzik9 mok9 pang4 soey4 sou3
仄 平 仄 仄 平 平 仄
\ V- \ \ \ \ ⌣

算 前 言、总 轻 负。
syn3 tsin4 jin4 dzung2 hing1 fu6
仄 平 平 仄 平 仄
\ \ V- \ \ ⌣⌣

早 知 恁 的 难 拚,
dzou2 dzi1 jam6 dik7 naan4 pun3
仄 平 仄 仄 平 仄
\ \ \ \ \ \

悔 不 当 初 留 住。
fui3 bat7 dong1 tso1 lau4 dzy6
仄 仄 平 平 平 仄
\ \ \ V- \ ⌣⌣

	3·		3		3		3	
其	奈	风	流	端	正	外，		
kei4	noi6	fung1	lau4	dyn1	dzing3	ngoi6		
平	仄	平	平	平	仄	仄		
\	\	\	V-	V	\	\		

				3·	3			
更	别	有、	系	人	心	处。		
gang3	bit9	jau5	hai6	jan4	sam1	tsy3		
仄	仄	仄	仄	平	平	仄		
\	\	\	\	V-	\	‿		

			3·	3		3·	3	
一	日	不	思	量，	也	攒	眉	千	度。
jat7	jat9	bat7	si1	loeng4	jaa5	dzaan2	mei4	tsin1	dou6
仄	仄	仄	平	平	仄	仄	平	平	仄
\	\	\	V-	\	\	V-	\	‿

《昼夜乐》，双调九十八字，上片六仄韵，下片五仄韵。

73. 琐窗寒 寒食

[宋] 周邦彦

```
        3      3    3    3                      3    3
暗     柳    啼    鸦，  单    衣    伫    立，  小    帘    朱    户。
am3   lau5  tai4  aa1  daan1 ji1  tsy5  lap9  siu2  lim4  dzy1  wu6
仄    仄    平    平    平    平    仄    仄    仄    平    平    仄
\     \    \    V-    \    V-    \    \    V-   \    \    ~~

  3     3                                     3    3
桐    花    半    亩，  静    锁    一    庭    秋    雨。
tung4 faa1 bun3 mau5 dzing6 so2  jat7  ting4 tsau1 jy5
平    平    仄    仄    仄    仄    仄    平    平    仄
\    V-    \    \    \    \    \    V-    \    ~~

     3    3    3    3         3
洒    空    阶，  更    阑    未    休，
saa2 hung1 gaai1 gaang1 laan4 mei6 jau1
仄    平    平    平    平    仄    平
\    V-    \    V-    V-    \    V-

     3             3    3
故    人    剪    烛    西    窗    语。
gu3  jan4  dzin2 dzuk7 sai1 tsoeng1 jy5
仄    平    仄    仄    平    平    仄
\    V-    \    \    \    \    ~~
```

		3	3	
似	楚	江	暝	宿，
tsi5	tso2	gong1	ming4	suk7
仄	仄	平	平	仄
\	\	V-	\	\

3	3	3			3	3		
风	灯	零	乱，	少	年	羁	旅。
fung1	dang1	ling4	lyn6	siu3	nin4	gei1	loey5
平	平	平	仄	仄	平	平	仄
\	V-	\	\	\	V-	\	⌣⌣

3		3	3	
迟	暮。	嬉	游	处。
tsi4	mou6	hei1	jau4	tsy3
平	仄	平	平	仄
\	⌣	\	\	⌣⌣

			3	3		3		
正	店	舍	无	烟，	禁	城	百	五。
dzing3	dim3	se3	mou4	jin1	gam3	sing4	baak8	ng5
仄	仄	仄	平	平	仄	平	仄	仄
\	\	\	\	V-	\	V-	\	⌣

3	3					3	3	3	
旗	亭	唤	酒，	付	与	高	阳	俦	侣。
kei4	ting4	wun6	dzau2	fu6	jy5	gou1	joeng4	tsau4	loey5
平	平	仄	仄	仄	仄	平	平	平	仄
\	V-	\	\	\	\	V-	\	\	⌣⌣

	3	3	3			3	
想	东	园、	桃	李	自	春，
soeng2	dung1	jyn4	tou4	lei5	dzi6	tsoen1
仄	平	平	平	仄	仄	平
\	\	V-	\	\	\	V-

	3		3			
小	唇	秀	靥	今	在	否。
siu2	soen4	sau3	jip8	gam1	dzoi6	fu2
仄	平	仄	仄	平	仄	仄
\	V-	\	\	\	\	⌣⌣

	3	3			3	3
到	归	时、	定	有	残	英，
dou3	gwai1	si4	ding6	jau5	tsaan4	jing1
仄	平	平	仄	仄	平	平
\	\	V-	\	\	\	V-

		3	3	
待	客	携	樽	俎。
doi6	haak8	kwai4	dzoen1	dzo2
仄	仄	平	平	仄
\	\	\	\	⌣⌣

《琐窗寒》，双调九十九字，上片四仄韵，下片六仄韵。

74. 瑶台聚八仙 寄兴

[宋] 张炎

2		2	2
秋	月	娟	娟。
tsau1	jyt9	gyn1	gyn1
平	仄	平	平
\	\	\	~~

5̣			5̣				5̣	2
人	正	远、	鱼	雁	待	拂	吟	笺。
jan4	dzing3	jyn5	jy4	ngaan6	doi6	fat7	jam4	dzin1
平	仄	仄	平	仄	仄	仄	平	平
V	\	\	\	\	\	\	\	~~

	2	5̣		2			5̣	2
也	知	游	事，	多	在	第	二	桥	边。
jaa5	dzi1	jau4	si6	do1	dzoi6	dai6	ji6	kiu4	bin1
仄	平	平	仄	平	仄	仄	仄	平	平
\	V-	\	\	\	\	\	\	\	~~

2	2	2	2			
花	底	鸳	鸯	深	处	睡，
faa1	dai2	jyn1	joeng1	sam1	tsy3	soey6
平	仄	平	平	平	仄	仄
\	\	\	V-	\	\	\

	2			5̇	5̇	
柳	阴	淡	隔	里	湖	船。
lau5	jam1	daam6	gaak8	loey5	wu4	syn4
仄	平	仄	仄	仄	平	平
\	\	\	\	\	\	~~

5̇	5̇		2			5̇		2	2
路	绵	绵。| 梦	吹	旧	曲,	如	此	山	川。
lou6	min4	min4	mung6	tsoey1	gau6	kuk7	jy4	tsi2	saan1	tsyn1
仄	平	平	仄	平	仄	仄	平	仄	平	平
\	\	~~	\	V-	\	\	\	\	\	~~

5̇	2								
平	生	几	两	谢	屐,	便	欲	放	自	得,
ping4	sang1	gei2	loeng5	dze6	kek9	bin6	juk9	fong3	dzi6	dak7
平	平	仄	仄	仄	仄	仄	仄	仄	仄	仄
\	V-	\	\	\	\	\	\	\	\	\

		2	2	
直	上	风	烟。
dzik9	soeng5	fung1	jin1
仄	仄	平	平
\	\	\	~~

		5̇	2	5̇			5̇	5̇	
峭	壁	谁	家,	长	啸	竟	落	松	前。
tsiu3	bik7	soey4	gaa1	tsoeng4	siu3	ging2	lok9	tsung4	tsin4
仄	仄	平	平	平	仄	仄	仄	平	平
\	\	\	V-	\	\	\	\	\	~~

　　　　5　　2
十　年　孤　剑　万　里，
sap9　nin4　gu1　gim3　maan6　lei5
仄　平　平　仄　仄　仄
\　　V-　　\　　\　　\　　\

　　　　5　　　5　　2　　　　　　5
又　何　似、睢　分　抱　瓮　泉。
jau6　ho4　tsi5　kwai4　fan1　pou5　ung3　tsyn4
仄　平　仄　平　平　仄　仄　平
\　\　\　\　V-　\　\　~~

2　2　　　　　　　2　　　　　　　2　2
中　山　酒，且　醉　餐　石　髓，白　眼　青　天。
dzung1 saan1 dzau2 tse2 dzoey3 tsaan1 sek9 soey5 baak9 ngaan5 tsing1 tin1
平　平　仄　仄　仄　平　仄　仄　仄　仄　平　平
V　\　\　\　\　V-　\　\　\　\　\　~~

《瑶台聚八仙》，双调九十九字，上片六平韵，下片四平韵。

75. 陌上花 有怀

[元] 张翥

3　　3
关　山　梦　里，
gwaan1　saan1　mung6　loey5
平　平　仄　仄
\　　V-　　\　　\

粤语吟诵《白香词谱》一百例

3	3	3			3	3		
归	来	还	又、	岁	华	催	晚。	
gwai1	loi4	waan4	jau6	soey3	waa4	tsoey1	maan5	
平	平	平	仄	仄	平	平	仄	
\	V-	\	\	\	V-	\	⌣⌣	

		3	3	3			3	3	
马	影	鸡	声，	谙	尽	倦	邮	荒	馆。
maa5	jing2	gai1	sing1	am1	dzoen6	gyn6	jau4	fong1	gun2
仄	仄	平	平	平	仄	仄	平	平	仄
\	\	\	V-	\	\	\	V-	\	⌣⌣

		3		3	3		
绿	笺	密	寄	多	情	事，	
luk9	dzin1	mat9	gei3	do1	tsing4	si6	
仄	平	仄	仄	平	平	仄	
\	V-	\	\	\	\	\	

			3	3		
一	看	一	回	肠	断。	
jat7	hon3	jat7	wui4	tsoeng4	dyn6	
仄	仄	仄	平	平	仄	
\	\	\	V-	\	⌣⌣	

	3	3			
待	殷	勤	寄	与，	
doi6	jan1	kan4	gei3	jy5	
仄	平	平	仄	仄	
\	\	V-	\	\	

```
         3       3              3    3
旧   游   莺   燕，  水   流   云   散。
gau6 jau4 ang1 jin3 soey2 lau4 wan4 saan3
仄   平   平   仄   仄    平   平   仄
\    V-   \    \    \    V-   \    ⌣⌣

         3    3         3    3    3
满   罗   衫   是   酒， 香   痕   凝   处，
mun5 lo4  saam1 si6  dzau2 hoeng1 han4 jing4 tsy3
仄   平   平   仄   仄    平    平   平   仄
\    \    V-   \    \     \    V-   \    \

              3    3    3
唾   碧   啼   红   相   半。
to3  bik7 tai4 hung4 soeng1 bun3
仄   仄   平   平   平    仄
\    \    \    V-   \    ⌣

              3    3              3    3
只   恐   梅   花， 瘦   倚   夜   寒   谁   暖。
dzi2 hung2 mui4 faa1 sau3 ji2 je6 hon4 soey4 nyn5
仄   仄   平   平   仄   仄  仄  平   平    仄
\    \    \    V-   \    \   \   V-   \    ⌣⌣

         3              3    3
不   成   便   没   相   逢   日，
bat7 sing4 bin6 mut9 soeng1 fung4 jat9
仄   平   仄   仄   平    平   仄
\    V-   \    \    \    \    \
```

3　　　　3　　　3·　　3
　　重　　整　　钗　　鸾　　筝　　雁。
　　tsung4 dzing2 tsaai1　lyn4　dzang1 ngaan6
　　平　　仄　　平　　平　　平　　仄
　　\　　\　　\　　V-　　\　　⌣⌣

　　　　　　3·　　3·　　　　　3　　3·　　3
　　但　　何　　郎，纵　　有　　春　　风　　词　　笔，
　　daan6　ho4　long4 dzung3 jau5 tsoen1 fung1 tsi4　bat7
　　仄　　平　　平　　仄　　仄　　平　　平　　平　　仄
　　\　　\　　V-　　\　　\　　\　　V-　　\　　\

　　　　　3·　　3·
　　病　　怀　　浑　　懒。
　　beng6 waai4 wan4 laan5
　　仄　　平　　平　　仄
　　\　　V-　　\　　⌣⌣

《陌上花》，双调九十九字，上下片各四仄韵。

76. 解语花 元宵

[宋] 周邦彦

```
  3          3                    3̇    3̇
  风    销    绛    蜡，露    浥    红    莲，
 fung1 siu1 gong3 laap9 lou6 jap7 hung4 lin4
  平    平    仄    仄    仄    仄    平    平
  \    V-   \    \    \    \    \    V-

            3    3    3
  灯    市    光    相    射。
 dang1 si5 gwong1 soeng1 se6
  平    仄    平    平    仄
  \    \    \    \    ⌣⌣

       3̇    3̇
  桂    华    流    瓦。
 gwai3 waa4 lau4 ngaa5
  仄    平    平    仄
  \    V-   \    ⌣⌣

  3    3̇                        3̇
  纤    云    散、脉    脉    素    娥    欲    下。
 tsim1 wan4 saan3 mak9 mak9 sou3 ngo4 juk9 haa6
  平    平    仄    仄    仄    仄    平    仄    仄
  V    \    \    \    \    \    V-   \    ⌣⌣
```

3	3̇		3		3		3		
衣	裳	淡	雅。	看	楚	女、	纤	腰	一	把。
ji1	soeng4	daam6	ngaa5	hon1	tso2	noey5	tsim1	jiu1	jat7	baa2
平	平	仄	仄	平	仄	仄	平	平	仄	仄
\	V-	\	⌣⌣	V	\	\	\	V-	\	⌣⌣

3		3	3̇		3	3			
箫	鼓	喧、	人	影	参	差,			
siu1	gu2	hyn1	jan4	jing2	tsam1	tsi1			
平	仄	平	平	仄	平	平			
\	\	V-	\	\	\	V-			

		3	3̇						
满	路	飘	兰	麝。					
mun5	lou6	piu1	laan4	se6					
仄	仄	平	平	仄					
\	\	\	\	⌣⌣					

3			3̇				3	3̇	3	
因	念	帝	城	放	夜。	望	千	门	如	昼,
jan1	nim6	dai3	sing4	fong3	je6	mong6	tsin1	mun4	jy4	dzau3
平	仄	仄	平	仄	仄	仄	平	平	平	仄
\	\	\	V-	\	⌣⌣	\	\	V-	\	\

3		3̇								
嬉	笑	游	冶。							
hei1	siu3	jau4	je5							
平	仄	平	仄							
\	\	\	⌣							

3̇ 3 3̇
钿 车 罗 帕。
tin4 goey1 lo4 paak8
平 平 平 仄
\ V- \ ⌣

3 3̇
相 逢 处、 自 有 暗 尘 随 马。
soeng1 fung4 tsy3 dzi6 jau5 am3 tsan4 tsoey4 maa5
平 平 仄 仄 仄 仄 平 平 仄
V \ \ \ \ \ V- \ ⌣⌣

3̇ 3 3̇ 3̇ 3̇
年 光 是 也。 惟 只 有、 旧 情 衰 谢。
nin4 gwong1 si6 jaa5 wai4 dzi2 jau5 gau6 tsing4 soey1 dze6
平 平 仄 仄 平 仄 仄 仄 平 平 仄
\ V- \ ⌣⌣ V \ \ \ V- \ ⌣⌣

3 3̇ 3 3̇
清 漏 移、 飞 盖 归 来，
tsing1 lau6 ji4 fei1 goi3 gwai1 loi4
平 仄 平 平 仄 平 平
V \ V- \ \ \ V-

3 3
任 舞 休 歌 罢。
jam6 mou5 jau1 go1 baa6
仄 仄 平 平 仄
\ \ V- \ ⌣⌣

《解语花》，双调一百字，上片六仄韵，下片七仄韵。

77. 换巢鸾凤 春情

[宋] 史达祖

5·	5	2	
人	若	梅	娇。
jan4	joek9	mui4	giu1
平	仄	平	平
\	\	\	~~

	5·	5					2	5
正	愁	横	断	坞，	梦	绕	溪	桥。
dzing3	sau4	waang4	dyn6	wu2	mung6	jiu2	kai1	kiu4
仄	平	平	仄	仄	仄	仄	平	平
\	\	V-	\	\	\	\	\	~~

	2	5·					5	2
倚	风	融	汉	粉，	坐	月	怨	秦	箫。
ji2	fung1	jung4	hon3	fan2	dzo6	jyt9	jyn3	tsoen4	siu1
仄	平	平	仄	仄	仄	仄	仄	平	平
\	V-	V	\	\	\	\	\	\	~~

2	2	2			2	2	
相	思	因	甚	到	纤	腰。	
soeng1	si1	jan1	sam6	dou3	tsim1	jiu1	
平	平	平	仄	仄	平	平	
\	V-	\	\	\	\	~~	

	2		2		5̇		5̇		2
定	知	我	今	无	魂	可	销。		
ding6	dzi1	ngo5	gam1	mou4	wan4	ho2	siu1		
仄	平	仄	平	平	平	仄	平		
\	V-	\	V-	\	V-	\	~~		

2	5̇						5̇	2	
佳	期	晚，	谩	几	度、	泪	痕	相	照。
gaai1	kei4	maan5	maan6	gei2	dou6	loey6	han4	soeng1	dziu3
平	平	仄	仄	仄	仄	仄	平	平	仄
\	\	\	\	\	\	\	V-	\	~~

3̇		3̇		
人	悄。	天	渺	渺。
jan4	tsiu2	tin1	miu5	miu5
平	仄	平	仄	仄
\	⌣	\	\	⌣

3̇				3̇	3̇		3̇	3̇
花	外	语	香，	时	透	郎	怀	抱。
faa1	ngoi6	jy5	hoeng1	si4	tau3	long4	waai4	pou5
平	仄	仄	平	平	仄	平	平	仄
\	\	\	V-	\	\	\	\	~~

		3̇	3̇		3̇	3		
暗	握	黄	苗，	乍	尝	樱	颗，	
am3	aak7	ji4	miu4	dzaa3	soeng4	jing1	fo2	
仄	仄	平	平	仄	平	平	仄	
\	\	\	V-	\	V-	\	\	

3		3	3	3	
犹	恨	侵	阶	芳	草。
jau4	han6	tsam1	gaai1	fong1	tsou2
平	仄	平	平	平	仄
\	\	\	V-	\	⌣⌣

3	3	3	3	3	3
天	念	王	昌	忒	多	情,
tin1	nim6	wong4	tsoeng1	tik7	do1	tsing4
平	仄	平	平	仄	平	平
\	\	\	V-	\	\	V-

	3	3	3	3	
换	巢	鸾	凤	教	偕	老。
wun6	tsaau4	lyn4	fung6	gaau1	gaai1	lou5
仄	平	平	仄	平	平	仄
\	V-	\	\	\	\	⌣⌣

3	3	3		3	3			3
温	柔	乡,	醉	芙	蓉、	一	帐	春	晓。
wan1	jau4	hoeng1	dzoey3	fu4	jung4	jat7	dzoeng3	tsoen1	hiu2
平	平	平	仄	平	平	仄	仄	平	仄
\	\	V-	\	\	V-	\	\	\	⌣⌣

《换巢鸾凤》，双调一百字，上片五平韵，一仄韵，下片六仄韵。上片仄韵句以平韵格定调。

78. 念奴娇 石头城
[元] 萨都剌

```
        3·       3·
石      头       城       上,
sek9    tau4    sing4    soeng6
仄      平       平       仄
\       V-      \        \


   3·    3·    3·              3·    3·
望   天   低   吴   楚,   眼   空   无   物。
mong6 tin1 dai1 ng4 tso2 ngaan5 hung1 mou4 mat9
仄   平   平   平   仄   仄   平   平   仄
\   \   V-  \   \   \   V-  \   ⌣


                    3·    3·
指   点   六   朝   形   胜   地,
dzi2 dim2 luk9 tsiu4 jing4 sing3 dei6
仄   仄   仄   平   平   仄   仄
\   \   \   V-  V   \   \


3·         3·    3·    3·
惟   有   青   山   如   壁。
wai4 jau5 tsing1 saan1 jy4 bik7
平   仄   平   平   平   仄
\   \   \   V-  \   ⌣
```

粤语吟诵《白香词谱》一百例　165

　　　　　　　3　　3　　3　　3　　3
蔽　日　旌　旗，连　云　樯　橹，
bai3　jat9　dzing1　kei4　lin4　wan4　tsoeng4　lou5
仄　仄　平　平　平　平　平　仄
\　\　\　V-　\　V-　\　\

　　　　　　　3　　3
白　骨　纷　如　雪。
baak9　gwat7　fan1　jy4　syt8
仄　仄　平　平　仄
\　\　\　\　⌣

　　　3　　3　　3　　3　　3　　　　3
一　江　南　北，消　磨　多　少　豪　杰。
jat7　gong1　naam4　bak7　siu1　mo4　do1　siu2　hou4　git8
仄　平　平　仄　平　平　平　仄　平　仄
\　V-　\　\　\　V-　\　\　\　⌣⌣

　　　　　　　　3　　3　　3　　3
寂　寞　避　暑　离　宫，东　风　辇　路，
dzik9　mok9　bei6　sy2　lei4　gung1　dung1　fung1　lin5　lou6
仄　仄　仄　仄　平　平　平　平　仄　仄
\　\　\　\　\　V-　\　V-　\　\

3　　　3　　3
芳　草　年　年　发。
fong1　tsou2　nin4　nin4　faat8
平　仄　平　平　仄
\　\　\　\　⌣⌣

　　　　　　　3　　3　　3
落　日　无　人　松　径　冷，
lok9　jat9　mou4　jan4　tsung4　ging3　laang5
仄　仄　平　平　平　仄　仄
\　　\　　\　　V-　V　　\　　\

　　　　　　3　　3　　3
鬼　火　高　低　明　灭。
gwai2　fo2　gou1　dai1　ming4　mit9
仄　仄　平　平　平　仄
\　　\　　\　　V-　\　　⌣⌣

3　　　3　　3　　3　　3
歌　舞　尊　前，繁　华　镜　里，
go1　mou5　dzoen1　tsin4　faan4　waa4　geng3　loey5
平　仄　平　平　平　平　仄　仄
\　　\　　\　　V-　\　　V-　\　　\

　　　　3　　3
暗　换　青　青　发。
am3　wun6　tsing1　tsing1　faat8
仄　仄　平　平　仄
\　　\　　\　　\　　⌣

3　　3　　3　　　　3　　3　　　　　3
伤　心　千　古，秦　淮　一　片　明　月。
soeng1　sam1　tsin1　gu2　tsoen4　waai4　jat7　pin3　ming4　jyt9
平　平　平　仄　平　平　仄　仄　平　仄
\　　V-　\　　\　　\　　V-　\　　\　　\　　⌣⌣

《念奴娇》，双调一百字，上下片各四仄韵。入声韵脚不拖腔者以⌣标注。

79. 东风第一枝 忆梅

[元] 张翥

		3·	3·	3·	3		
老	树	浑	苔，	横	枝	未	叶，
lou5	sy6	wan4	toi4	waang4	dzi1	mei6	jip9
仄	仄	平	平	平	平	仄	仄
\	\	\	V-	\	V-	\	\

3	3		3		
青	春	肯	误	芳	约。
tsing1	tsoen1	hang2	ng6	fong1	joek8
平	平	仄	仄	平	仄
\	V-	\	\	\	⌣⌣

		3		3	3·
背	阴	未	返	冰	魂，
bui3	jam1	mei6	faan2	bing1	wan4
仄	平	仄	仄	平	平
\	V-	\	\	\	V-

3	3		3·	3	
阳	梢	已	含	红	萼。
joeng4	saau1	ji5	ham4	hung4	ngok9
平	平	仄	平	平	仄
\	V-	\	V-	\	⌣⌣

佳 人 寒 怯， 谁 惊 起、 晓 来 梳 掠。
gaai1 jan4 hon4 hip8 soey4 ging1 hei2 hiu2 loi4 so1 loek9
平 平 平 仄 平 平 仄 仄 平 平 仄
\ V- \ \ V \ \ \ V- \ ⌣

是 月 斜 花 外 幺 禽，
si6 jyt9 tse4 faa1 ngoi6 jiu1 kam4
仄 仄 平 平 仄 平 平
\ \ V- \ \ \ V-

霜 冷 竹 间 幽 鹤。
soeng1 laang5 dzuk7 gaan1 jau1 hok8
平 仄 仄 平 平 仄
\ \ \ V- \ ⌣

云 淡 淡、 粉 痕 渐 薄。
wan4 daam6 daam6 fan2 han4 dzim6 bok9
平 仄 仄 仄 平 仄 仄
V \ \ \ V- \ ⌣

风 细 细、 冻 香 又 落。
fung1 sai3 sai3 dung3 hoeng1 jau6 lok9
平 仄 仄 仄 平 仄 仄
V \ \ \ V- \ ⌣

粤语吟诵《白香词谱》一百例　　169

叩　　门　　喜　　伴　　金　　尊，
kau3　mun4　hei2　bun6　gam1　dzoen1
仄　　平　　仄　　仄　　平　　平
\　　\/-　　\　　\　　\/-　　\/-

倚　　栏　　怕　　听　　画　　角。
ji2　laan4　paa3　ting6　waa6　gok8
仄　　平　　仄　　仄　　仄　　仄
\　　\/-　　\　　\　　\　　⌒

依　　稀　　梦　　里，
ji1　hei1　mung6　loey5
平　　平　　仄　　仄
\　　\/-　　\　　\

记　　半　　面、　浅　　窥　　珠　　箔。
gei3　bun3　min6　tsin2　kwai1　dzy1　bok9
仄　　仄　　仄　　仄　　平　　平　　仄
\　　\　　\　　\　　\/-　　\　　⌒⌒

恁　　时　　得、　重　　写　　鸾　　笺，
jam6　si4　dak7　tsung4　se2　lyn4　dzin1
仄　　平　　仄　　平　　仄　　平　　平
\　　\　　\　　\　　\　　\　　\/-

```
            3   3
去   访   旧   游   东   阁。
hoey3 fong2 gau6 jau4 dung1 gok8
仄   仄   仄   平   平   仄
\   \   \   ∨-  \   ⌣⌣
```

《东风第一枝》，双调一百字，上片四仄韵，下片五仄韵。入声韵脚不拖腔者以⌣标注。

80. 庆春泽 记恨

[清] 朱彝尊

```
5.       5.      5.      5.      2
桥       影      流      虹，    湖      光      映      雪，
kiu4    jing2   lau4    hung4   wu4     gwong1  jing2   syt8
平      仄      平      平      平      平      仄      仄
\       \       \       ∨-      \       ∨-      \       \

         5.              2       2
翠       帘      不      卷      春      深。
tsoey3  lim4    bat7    gyn2    tsoen1  sam1
仄      平      仄      仄      平      平
\       ∨-      \       \       \       ~~

         5.      2               5.              5.      2
一       寸      横      波，    断      肠      人      在      楼      阴。
jat7    tsyn3   waang4  bo1     dyn6    tsoeng1 jan4    dzoi6   lau4    jam1
仄      仄      平      平      仄      平      平      仄      平      平
\       \       \       ∨-      \       ∨-      \       \       \       ~~
```

游　丝　不　系　羊　车　住，
jau4　si1　bat7　hai6　joeng4　goey1　dzy6
平　平　仄　仄　平　平　仄
\　V-　\　\　\　\　\

倩　何　人、传　语　青　禽。
tsing2　ho4　jan4　tsyn4　jy5　tsing1　kam4
仄　平　平　平　仄　平　平
\　\　V-　\　\　\　~~

最　难　禁，倚　遍　雕　栏，梦　遍　罗　衾。
dzoey3　naan4　kam1　ji2　pin3　diu1　laan4　mung6　pin3　lo4　kam1
仄　平　平　仄　仄　平　平　仄　仄　平　平
\　\　V-　\　\　\　V-　\　\　\　~~

重　来　已　是　朝　云　散，
tsung4　loi4　ji5　si6　dziu1　wan4　saan3
平　平　仄　仄　平　平　仄
\　V-　\　\　\　\　\

怅　明　珠　珮　冷，紫　玉　烟　沉。
tsoeng3　ming4　dzy1　pui3　laang5　dzi2　juk9　jin1　tsam4
仄　平　平　仄　仄　仄　仄　平　平
\　\　V-　\　\　\　\　\　~~

5̇	5̇	2	2	5̇	2	2	5̇
前	度	桃	花，	依	然	开	满	江	浔。

前 度 桃 花，依 然 开 满 江 浔。
tsin4 dou6 tou4 faa1 ji1 jin4 hoi1 mun5 gong1 tsam4
平 仄 平 平 平 平 平 仄 平 平
\　\　\　V-　\　V-　\　\　\　~~

2 5̇ 2 2
钟 情 怕 到 相 思 路，
dzung1 tsing4 paa3 dou3 soeng1 si1 lou6
平 平 仄 仄 平 平 仄
\　V-　\　\　\　\　\

5̇ 5̇ 5̇ 2
盼 长 堤、草 尽 红 心。
paan3 tsoeng4 tai4 tsou2 dzoen6 hung4 sam1
仄 平 平 仄 仄 平 平
\　\　V-　\　\　\　~~

5̇ 5̇ 5̇ 5̇ 5̇ 5̇
动 愁 吟，碧 落 黄 泉， 两 处 谁 寻。
dung6 sau4 jam4 bik7 lok9 wong4 tsyn4 loeng5 tsy3 soey4 tsam4
仄 平 平 仄 仄 平 平 仄 仄 平 平
\　\　V-　\　\　\　V-　\　\　\　~~

《庆春泽》，双调一百字，上下片各四平韵。

81. 桂枝香 金陵怀古

[宋] 王安石

```
       3     3
登     临    纵    目。
dang1  lam4  dzung3  muk9
平     平    仄    仄
\      V-   \    ⌣
```

```
                       3      3          3
正     故    国    晚    秋，  天    气    初    肃。
dzing3 gu3  gwok8 maan5 tsau1 tin1 hei3  tso1  suk7
仄     仄    仄    仄    平    平    仄    平    仄
\      \    \    \    V-   \    \    \    ⌣
```

```
3      3     3                        3     3
千     里    澄    江    似    练，  翠    峰    如    簇。
tsin1  lei5  tsing4 gong1 tsi5  lin6  tsoey3 fung1 jy4   tsuk7
平     仄    平    平    仄    仄    仄    平    平    仄
\      \    \    V-   \    \    \    V-   \    ⌣
```

```
3      3           3     3
征     帆    去    棹    斜    阳    里，
dzing1 faan4 hoey3 dzaau6 tse4 joeng4 loey5
平     平    仄    仄    平    平    仄
\      V-   \    \    \    \    \
```

背　西　风、　酒　旗　斜　矗。
bui3　sai1　fung1　dzau2　kei4　tse4　tsuk7
仄　平　平　仄　平　平　仄
\　\　V-　\　V-　\　⌣

彩　舟　云　淡，星　河　鹭　起，画　图　难　足。
tsoi2　dzau1　wan4　daam6　sing1　ho4　lou6　hei2　waa6　tou4　naan4　dzuk7
仄　平　平　仄　平　平　仄　仄　仄　平　平　仄
\　V-　\　\　\　V-　\　\　\　V-　\　⌣

念　往　昔、豪　华　竞　逐。
nim6　wong5　sik7　hou4　waa4　ging6　dzuk9
仄　仄　仄　平　平　仄　仄
\　\　\　\　V-　\　⌣⌣

叹　门　外　楼　头，悲　恨　相　续。
taan3　mun4　ngoi6　lau4　tau4　bei1　han6　soeng1　dzuk9
仄　平　仄　平　平　平　仄　平　仄
\　\　\　\　V-　\　\　\　⌣⌣

千　古　凭　高　对　此，漫　嗟　荣　辱。
tsin1　gu2　pang4　gou1　doey3　tsi2　maan6　dze1　wing4　juk9
平　仄　平　平　仄　仄　仄　平　平　仄
\　\　\　V-　\　\　\　V-　\　⌣⌣

          3̇   3̇   3̇

六　朝　旧　事　随　流　水，
luk9　tsiu4　gau6　si6　tsoey4　lau4　soey2
仄　平　仄　仄　平　平　仄
\　V-　\　\　\　\　\

         3̇   3̇   3̇   3̇

但　寒　烟、衰　草　凝　绿。
daan6　hon4　jin1　soey1　tsou2　jing4　luk9
仄　平　平　平　仄　平　仄
\　\　V-　\　\　\　⌣⌣

     3̇   3̇   3̇ 3̇ 3̇   3̇   3̇

至　今　商　女，时　时　犹　唱，后　庭　遗　曲。
dzi3　gam1　soeng1　noey5　si4　si4　jau4　tsoeng3　hau6　ting4　wai4　kuk7
仄　平　平　仄　平　平　平　仄　仄　平　平　仄
\　V-　\　\　\　V-　\　\　\　V-　\　⌣

《桂枝香》，一百零一字，上下片各五仄韵。入声韵脚不拖腔者以⌣标注。

82. 翠楼吟 美人魂

[清] 黄之隽

            3   3   3   3

月　魄　荒　唐，花　灵　仿　佛，
jyt9 paak8 fong1 tong4 faa1 ling4 fong2 fat7
仄　仄　平　平　平　平　仄　仄
\　　\　　\　 V-　\　 V-　\　　\

3　　3　　3　　3
相　携　最　无　人　处。
soeng1 kwai4 dzoey3 mou4 jan4 tsy3
平　平　仄　平　平　仄
\　 V-　\　 V　 \　 ~~

3　　3　　3
栏　干　芳　草　外，
laan4 gon1 fong1 tsou2 ngoi6
平　平　平　仄　仄
\　 V-　\　　\　　\

         3   3   3

忽　惊　转、几　声　啼　宇。
fat7 ging1 dzyn2 gei2 sing1 tai4 jy5
仄　平　仄　仄　平　平　仄
\　 \　 \　 \　 V-　\　 ~~

3	3	3	
飘	零	何	许。
piu1	ling4	ho4	hoey2
平	平	平	仄
\	V-	\	⌣⌣

			3	3	3	3	3	
似	一	缕	游	丝，	因	风	吹	去。
tsi5	jat7	loey5	jau4	si1	jan1	fung1	tsoey1	hoey3
仄	仄	仄	平	平	平	平	平	仄
\	\	\	\	V-	V-	\	\	⌣⌣

3	3		3	3			3	3	
浑	无	据。	想	应	凄	断，	路	旁	酸	雨。
wan4	mou4	goey3	soeng2	jing1	tsai1	dyn6	lou6	pong4	syn1	jy5
平	平	仄	仄	平	平	仄	仄	平	平	仄
V	\	⌣	\	V-	\	\	\	V-	\	⌣⌣

日	暮。
jat9	mou6
仄	仄
\	⌣

		3	3	
渺	渺	愁	予，	
miu5	miu5	sau4	jy4	
仄	仄	平	平	
\	\	\	V-	

觉 黯 然 销 者， 别 情 离 绪。
gok8 am2 jin4 siu1 dze2 bit9 tsing4 lei4 soey5
仄 仄 平 平 仄 仄 平 平 仄
\ \ V- \ \ \ V- \ ⌣⌣

春 阴 楼 外 远， 入 烟 柳、 和 莺 私 语。
tsoen1 jam1 lau4 ngoi6 jyn5 jap9 jin1 lau5 wo4 ang1 si1 jy5
平 平 平 仄 仄 仄 平 仄 平 平 平 仄
\ V- \ \ \ \ \ \ V- \ \ ⌣⌣

连 江 暝 树。
lin4 gong1 ming4 sy6
平 平 平 仄
\ V- \ ⌣⌣

欲 打 点 幽 香， 随 郎 黏 住。
juk9 daa2 dim2 jau1 hoeng1 tsoey4 long4 nim1 dzy6
仄 仄 仄 平 平 平 平 平 仄
\ \ \ \ \ V- \ V- \ ⌣⌣

能 留 否。 只 愁 轻 绝， 化 为 飞 絮。
nang4 lau4 fu2 dzi2 sau4 hing1 dzyt9 faa3 wai4 fei1 soey5
平 平 仄 仄 平 平 仄 仄 平 平 仄
V \ ⌣⌣ \ V- \ \ \ V- \ ⌣⌣

《翠楼吟》，双调一百零一字，上片六仄韵，下片七仄韵。

83.瑞鹤仙 风怀

[宋] 史达祖

```
        3    3
杏   烟   娇   湿   鬓。
hang6 jin1 giu1 sap7 ban3
仄   平   平   仄   仄
\    V-   \    \    ⌣
```

```
              3    3         3    3
过   杜   若   汀   洲, 楚   衣   香   润。
gwo3 dou6 joek9 ting1 dzau1 tso2 ji1 hoeng1 joen6
仄   仄   仄   平   平   仄   平   平   仄
\    \    \    \    V-   \    V-   \    ⌣⌣
```

```
3    3         3
回   头   翠   楼   近。
wui4 tau4 tsoey3 lau4 gan6
平   平   仄   平   仄
\    V-   \    \    ⌣⌣
```

```
     3    3    3              3    3
指   鸳   鸯   沙   上, 暗   藏   春   恨。
dzi2 jyn1 joeng1 saa1 soeng6 am3 tsong4 tsoen1 han6
仄   平   平   平   仄   仄   平   平   仄
\    \    V-   \    \    \    V-   \    ⌣⌣
```

归 鞭 隐 隐。 便 不 念、 芳 痕 未 稳。
gwai1 bin1 jan2 jan2 bin6 bat7 nim6 fong1 han4 mei6 wan2
平 平 仄 仄 仄 仄 仄 平 平 仄 仄
\ V- \ ⌣⌣ \ \ \ V- \ ⌣⌣

自 箫 声、 吹 落 云 东,
dzi6 siu1 sing1 tsoey1 lok9 wan4 dung1
仄 平 平 平 仄 平 平
\ \ \ \ \ \ V-

再 数 故 园 花 信。
dzoi3 sou2 gu3 jyn4 faa1 soen3
仄 仄 仄 平 平 仄
\ \ \ V- \ ⌣⌣

谁 问。 听 歌 窗 罅, 倚 月 钩 栏,
soey4 man6 ting1 go1 tsoeng1 laa3 ji2 jyt9 ngau1 laan4
平 仄 平 平 平 仄 仄 仄 平 平
V ⌣ \ V- \ \ \ \ \ \

旧 家 轻 俊。
gau6 gaa1 hing1 dzoen3
仄 平 平 仄
\ V- \ ⌣

	3	3		3	3		3	
芳	心	一	寸。	相	思	后，	总	灰	烬。

芳 心 一 寸。 相 思 后， 总 灰 烬。
fong1 sam1 jat7 tsyn3　soeng1 si1 hau6　dzung2 fui1 dzoen6
平　平　仄　仄　　平　平　仄　　仄　平　仄
\　∨-　\　∨∨　\　\　\　　\　∨∨

　　3　3　3　3　　3　3　3
奈　春　风　多　事，吹　花　摇　柳，
noi6 tsoen1 fung1 do1 si6　tsoey1 faa1 jiu4 lau5
仄　平　平　平　仄　平　平　平　仄
\　\　∨-　\　\　\　∨-　\

　　　　　3　3
也　把　幽　情　唤　醒。
jaa5 baa2 jau1 tsing4 wun6 sing2
仄　仄　平　平　仄　仄
\　\　\　∨-　\　∨∨

　　3　3　3　　3　　3
对　南　溪、桃　萼　翻　红，
doey3 naam4 kai1 tou4 ngok9 faan1 hung4
仄　平　平　平　仄　平　平
\　\　∨-　\　\　\　∨-

　　3
又　成　瘦　损。
jau6 sing4 sau3 syn2
仄　平　仄　仄
\　∨-　\　∨∨

《瑞鹤仙》，双调一百零二字，上片七仄韵，下片六仄韵。

84. 水龙吟 白莲

[宋] 张炎

```
 3     3           3     3
 仙    人    掌    上    芙    蓉,
sin1  jan4 dzoeng2 soeng6 fu4  jung4
 平    平    仄    仄    平    平
 \    V-    \    \    \    V-
```

```
 3    3    3         3    3
 涓   涓   犹   滴    金   盘   露。
gyn1 gyn1 jau4 dik9  gam1 pun4 lou6
 平   平   平   仄    平   平   仄
 \   V-   \   \     \   \   ⌣⌣
```

```
 3    3              3    3              3    3
 轻   妆   照   水,   纤   裳   玉   立,   飘   飘   似   舞。
hing1 dzong1 dziu3 soey2 tsim1 soeng4 juk9 lap9 piu1 piu1 tsi5 mou5
 平   平   仄   仄    平   平   仄   仄    平   平   仄   仄
 \   V-   \   \     \   V-   \   \    \   V-   \   ⌣⌣
```

```
           3    3         3    3              3    3
 几   度   消   凝,   满   湖   烟   月,   一   汀   鸥   鹭。
gei2 dou6 siu1 jing4 mun5 wu4 jin1 jyt9 jat7 ting1 au1 lou6
 仄   仄   平   平    仄   平   平   仄    仄   平   平   仄
 \   \   \   V-    \   \   \   V-    \   V-   \   ⌣⌣
```

```
           3              3    3
 记   小   舟   夜   悄,   波   明   香   远,
gei3 siu2 dzau1 je6 tsiu2 bo1 ming4 hoeng1 jyn5
 仄   仄   平   仄   仄    平   平   平   仄
 \   \   V-   \   \    \   V-   V-   \
```

粤语吟诵《白香词谱》一百例

```
   3·           3    3
浑     不    见，  花    开    处。
wan4   bat7  gin3  faa1  hoi1  tsy3
平     仄    仄    平    平    仄
∨      \    \     \     \    ⌣⌣

   3                 3·   3·
应     是    浣    纱    人    妒。
jing1  si6   wun5  saa1  jan4  dou3
平     仄    仄    平    平    仄
\      \    \     ∨-    \    ⌣⌣

          3·   3·         3·   3
褪    红    衣、 被    谁    轻    误。
tan3  hung4 ji1  bei6  soey4 hing1 ng6
仄    平    平   仄    平    平   仄
\     \    ∨-   \     ∨-    \   ⌣⌣

   3·   3·                3    3        3·   3
闲    情    淡    雅，  冶    姿    清    润，  凭    娇    待    语。
haan4 tsing4 daam6 ngaa5 je5  dzi1  tsing1 joen6 pang4 giu1 doi6 jy5
平    平    仄    仄    仄    平    平    仄    平    平    仄   仄
\     ∨-   \     \     \     ∨-   \     \     \     ∨-   \   ⌣⌣

            3·   3·          3·   3          3·   3
隔    浦    相    逢，  偶    然    倾    盖，  似    传    心    素。
gaak8 pou2  soeng1 fung4 ngau5 jin4 king1 goi3 tsi5 tsyn4 sam1 sou3
仄    仄    平    平    仄    平    平    仄    仄    平    平   仄
\     \    \     ∨-    \     ∨-   \     \     \     ∨-   \   ⌣⌣
```

```
         3    3              3
怕   湘   皋   珮   解，绿   云   十   里，
paa3 soeng1 gou1 pui3 gaai2 luk9 wan4 sap9 lei5
仄   平   平   仄   仄   仄   平   仄   仄
\    \    V-   \    \    \    V-   \    \

     3    3
卷   西   风   去。
gyn2 sai1 fung1 hoey3
仄   平   平   仄
\    \    \    ⌣⌣
```

《水龙吟》，双调一百零二字，上片四仄韵，下片五仄韵。

85. 齐天乐 蟋蟀

[宋] 姜夔

```
     3    3         3    3
庚   郎   先   自   吟   愁   赋。
jy5  long4 sin1 dzi6 jam4 sau4 fu3
仄   平   平   仄   平   平   仄
\    V-   \    \    \    \    ⌣⌣

3    3         3    3
凄   凄   更   闻   私   语。
tsai1 tsai1 gang3 man4 si1 jy5
平   平   仄   平   平   仄
\    V-   \    V-   \    ⌣⌣
```

粤语吟诵《白香词谱》一百例

露　湿　铜　铺，苔　侵　石　井，
lou6　sap7　tung4　pou1　toi4　tsam1　sek9　dzing2
仄　仄　平　平　平　平　仄　仄
\　\　\　V-　\　V-　\　\

都　是　曾　听　伊　处。
dou1　si6　tsang4　ting1　ji1　tsy3
平　仄　平　平　平　仄
\　\　\　V-　\　⌣⌣

哀　音　似　诉。
oi1　jam1　tsi5　sou3
平　平　仄　仄
\　V-　\　⌣⌣

正　思　妇　无　眠，起　寻　机　杼。
dzing3　si1　fu5　mou4　min4　hei2　tsam4　gei1　tsy5
仄　平　仄　平　平　仄　平　平　仄
\　\　\　V-　V-　\　V-　\　⌣⌣

曲　曲　屏　山，夜　凉　独　自　甚　情　绪。
kuk7　kuk7　ping4　saan1　je6　loeng4　duk9　dzi6　sam6　tsing4　soey5
仄　仄　平　平　仄　平　仄　仄　仄　平　仄
\　\　\　V-　\　V-　\　\　\　\　⌣⌣

	3		3		3			
西	窗	又	吹	暗	雨。			
sai1	tsoeng1	jau6	tsoey1	am3	jy5			
平	平	仄	平	仄	仄			
\	V-	\	V-	\	~~			

	3	3			3	3	3	
为	谁	频	断	续，	相	和	砧	杵。
wai6	soey4	pan4	dyn6	dzuk9	soeng1	wo4	dzam1	tsy5
仄	平	平	仄	仄	平	平	平	仄
\	V-	\	\	\	\	\	\	~~

		3	3	3	3			
候	馆	吟	秋，	离	宫	吊	月，	
hau6	gun2	jam4	tsau1	lei4	gung1	diu3	jyt9	
仄	仄	平	平	平	平	仄	仄	
\	\	\	V-	\	V-	\	\	

		3	3	3				
别	有	伤	心	无	数。			
bit9	jau5	soeng1	sam1	mou4	sou3			
仄	仄	平	平	平	仄			
\	\	\	V-	\	~~			

3	3							
豳	诗	漫	与。					
ban1	si1	maan6	jy5					
平	平	仄	仄					
\	V-	\	~~					

笑	篱	落	呼	灯，	世	间	儿	女。
siu3	lei4	lok9	fu1	dang1	sai3	gaan1	ji4	noey5
仄	平	仄	平	平	仄	平	平	仄
\	\	\	\	V-	\	V-	\	⌣⌣

写	入	琴	丝，	一	声	声	最	苦。
se2	jap9	kam4	si1	jat7	sing1	sing1	dzoey3	fu2
仄	仄	平	平	仄	平	平	仄	仄
\	\	\	V-	\	\	V-	\	⌣⌣

《齐天乐》，双调一百零二字，上下片各六仄韵。

86.雨霖铃 秋别

[宋] 柳永

寒	蝉	凄	切。	对	长	亭	晚，	骤	雨	初	歇。
hon4	sim4	tsai1	tsit8	doey3	tsoeng4	ting4	maan5	dzaau6	jy5	tso1	hit8
平	平	平	仄	仄	平	平	仄	仄	仄	平	仄
\	V-	\	⌣⌣	\	\	\	\	\	\	\	⌣⌣

都	门	帐	饮	无	绪，
dou1	mun4	dzoeng3	jam2	mou4	soey5
平	平	仄	仄	平	仄
\	V-	\	\	\	\

方　留　恋　处，兰　舟　催　发。
fong1 lau4 lyn2 tsy3 laan4 dzau1 tsoey1 faat8
平　平　仄　仄　平　平　平　仄
∨　＼　＼　＼　＼　∨-　＼　⌣⌣

执　手　相　看　泪　眼，竟　无　语　凝　噎。
dzap7 sau2 soeng1 hon1 loey6 ngaan5 ging2 mou4 jy5 jing4 jit8
仄　仄　平　平　仄　仄　仄　平　仄　平　仄
＼　＼　＼　∨-　＼　＼　＼　＼　＼　＼　⌣⌣

念　去　去、千　里　烟　波，
nim6 hoey3 hoey3 tsin1 lei5 jin1 bo1
仄　仄　仄　平　仄　平　平
＼　＼　＼　＼　＼　＼　∨-

暮　霭　沉　沉　楚　天　阔。
mou6 oi2 tsam4 tsam4 tso2 tin1 fut8
仄　仄　平　平　仄　平　仄
＼　＼　＼　∨-　＼　＼　⌣⌣

多　情　自　古　伤　离　别。
do1 tsing4 dzi6 gu2 soeng1 lei4 bit9
平　平　仄　仄　平　平　仄
＼　∨-　＼　＼　＼　＼　⌣⌣

　　　　3　　3　　　　　　　3　　3
更　那　堪、冷　落　清　秋　节。
gang3 no4 ham1 laang5 lok9 tsing1 tsau1 dzit8
仄　平　平　仄　仄　平　平　仄
\　\　V-　\　\　\　\　⌣⌣

3　3　　　3　3
今　宵　酒　醒　何　处，
gam1 siu1 dzau2 sing1 ho4 tsy3
平　平　仄　平　平　仄
\　V-　\　V-　\　\

3　　　　　3　　3
杨　柳　岸、晓　风　残　月。
joeng4 lau5 ngon6 hiu2 fung1 tsaan4 jyt9
平　仄　仄　仄　平　平　仄
V　\　\　\　V-　\　⌣⌣

　　　　3　3
此　去　经　年，
tsi2 hoey3 ging1 nin4
仄　仄　平　平
\　\　\　V-

3　　3　3　　　　　3
应　是　良　辰　好　景　虚　设。
jing1 si6 loeng4 san4 hou2 ging2 hoey1 tsit8
平　仄　平　平　仄　仄　平　仄
\　\　\　\　\　\　\　⌣⌣

便 纵 有、千 种 风 情,
bin6 dzung3 jau5 tsin1 dzung2 fung1 tsing4
仄 仄 仄 平 仄 平 平
\ \ \ \ \ \ V-

更 与 何 人 说。
gang3 jy5 ho4 jan4 syt8
仄 仄 平 平 仄
\ \ \ \ ⌣⌣

《雨霖铃》,双调一百零三字,上下片各五仄韵,多用入声韵。

87. 喜迁莺 咏闰元宵

[宋] 吴礼之

银 蟾 光 采。
ngan4 sim4 gwong1 tsoi2
平 平 平 仄
\ V- \ ⌣⌣

喜 稔 岁 闰 正, 元 宵 还 再。
hei2 nam5 soey3 joen6 dzing1 jyn4 siu1 waan4 dzoi3
仄 仄 仄 仄 平 平 平 平 仄
\ \ \ \ V- V- \ \ ⌣⌣

粤语吟诵《白香词谱》一百例

乐　事　难　并，佳　时　罕　遇，
lok9　si6　naan4　bing1　gaai1　si4　hon2　jy6
仄　仄　平　平　平　平　仄　仄
\　\　\　V-　\　V-　\　\

依　旧　试　灯　何　碍。
ji1　gau6　si3　dang1　ho4　ngoi6
平　仄　仄　平　平　仄
\　\　\　V-　\　⌣⌣

花　市　又　移　星　汉，莲　炬　重　芳　人　海。
faa1　si5　jau6　ji4　sing1　hon3　lin4　goey6　tsung4　fong1　jan4　hoi2
平　仄　仄　平　平　仄　平　仄　平　平　平　仄
\　\　\　V-　\　\　\　\　V-　\　\　⌣⌣

尽　勾　引，遍　嬉　游　宝　马，
dzoen6　ngau1　jan5　pin3　hei1　jau4　bou2　maa5
仄　平　仄　仄　平　平　仄　仄
\　\　\　\　\　V-　\　\

香　车　喧　隘。
hoeng1　goey1　hyn1　ai3
平　平　平　仄
\　V-　\　⌣⌣

3
晴　　快。
tsing4　faai3
平　　仄
\　　⌣⌣

3　　　3　　　3　　　　　3
天　意　教，人　月　更　圆，
tin1　ji3　gaau1　jan4　jyt9　gang3　jyn4
平　仄　平　　平　　仄　　仄　　平
\　\　V-　\　\　\　V-

3　　　3　　3
偿　足　风　流　债。
soeng4　dzuk7　fung1　lau4　dzaai3
平　　仄　　平　　平　　仄
\　　\　　\　　\　　⌣⌣

　　　　　3　　3　　3　　3　　3
媚　柳　烟　浓，夭　桃　红　小，
mei6　lau5　jin1　nung4　jiu1　tou4　hung4　siu2
仄　仄　平　　平　　平　　平　　平　　仄
\　\　\　　V-　\　　V-　\　　\

　　　　　　3　　3
景　物　迥　然　堪　爱。
ging2　mat9　gwing2　jin4　ham1　oi3
仄　　仄　　仄　　平　　平　　仄
\　\　\　V-　\　⌣⌣

			3		
巷	陌	笑	声	不	断，
hong6	mak9	siu3	sing1	bat7	dyn6
仄	仄	仄	平	仄	仄
\	\	\	\/-	\	\

3		3	3	3	
襟	袖	余	香	仍	在。
kam1	dzau6	jy4	hoeng1	jing4	dzoi6
平	仄	平	平	平	仄
\	\	\	\/-	\	⌣⌣

		3		3	3	3	
待	归	也，	便	相	期	明	日，
doi6	gwai1	jaa5	bin6	soeng1	kei4	ming4	jat9
仄	平	仄	仄	平	平	平	仄
\	\	\	\	\	\/-	\	\

	3	3	
踏	青	挑	菜。
daap9	tsing1	tiu1	tsoi3
仄	平	平	仄
\	\/-	\	⌣⌣

《喜迁莺》，双调一百零三字，上下片各五仄韵。

88. 绮罗香 红叶

[宋] 张炎

          3   3   3   3

万　　里　　飞　　霜，　千　　山　　落　　木，
maan6 lei5 fei1　soeng1 tsin1 saan1 lok9 muk9
仄　　仄　　平　　平　　平　　平　　仄　　仄
\　　\　　\　　V-　\　　V-　\　　\

3
寒　　艳　　不　　招　　春　　妒。
hon4　jim6　bat7　dziu1　tsoen1　dou3
平　　仄　　仄　　平　　平　　仄
\　　\　　\　　V-　\　　⌣⌣

3　　　　　3　　3　　　　　　　　　3　　3
枫　　冷　　吴　　江，　独　　客　　又　　吟　　愁　　句。
fung1 laang5 ng4 gong1 duk9 haak8 jau6 jam4 sau4 goey3
平　　仄　　平　　平　　仄　　仄　　仄　　平　　平　　仄
\　　\　　\　　V-　\　　\　　\　　V-　\　　⌣⌣

　　　　　3　　　　　3　　　　　3　　3
正　　船　　舣、　流　　水　　孤　　村，
dzing3 syn4 ngai5 lau4 soey2 gu1 tsyn1
仄　　平　　仄　　平　　仄　　平　　平
\　　\　　\　　\　　\　　\　　V-

粤语吟诵《白香词谱》一百例　　195

　　　3　　　 3̇　 3̇　　3
似　花　绕、斜　阳　归　路。
tsi5　faa1　jiu2　tse4　joeng4　gwai1　lou6
仄　平　仄　平　平　平　仄
\　\　\　\　\/-　\　⌣⌣

　　3　 3　　　　　3　3̇
甚　荒　沟、一　片　凄　凉，
sam6　fong1　kau1　jat7　pin3　tsai1　loeng4
仄　平　平　仄　仄　平　平
\　\　\　\　\　\　\/-

　　　　3̇　　　　3̇
载　情　不　去　载　愁　去。
dzoi3　tsing4　bat7　hoey3　dzoi3　sau4　hoey3
仄　平　仄　仄　仄　平　仄
\　\/-　\　\　\　\　⌣⌣

3̇　3　3̇
长　安　谁　问　倦　旅。
tsoeng4　on1　soey4　man6　gyn6　loey5
平　平　平　仄　仄　仄
\　\/-　\　\　\　⌣⌣

3　　　3　3̇
羞　见　衰　颜　借　酒，
sau1　gin3　soey1　ngaan4　dze3　dzau2
平　仄　平　平　仄　仄
\　\　\　\/-　\　\

飘　零　如　许。
piu1　ling4　jy4　hoey2
平　　平　　平　　仄
\　　V-　　\　　⌣⌣

漫　倚　新　妆，不　入　洛　阳　花　谱。
maan6　ji2　san1　dzong1　bat7　jap9　lok8　joeng4　faa1　pou2
仄　仄　平　平　仄　仄　仄　平　平　仄
\　\　\　V-　\　\　\　V-　\　⌣⌣

为　回　风、起　舞　樽　前，
wai6　wui4　fung1　hei2　mou5　dzoen1　tsin4
仄　平　平　仄　仄　平　平
\　\　V-　\　\　\　V-

尽　化　作、断　霞　千　缕。
dzoen6　faa3　dzok8　dyn6　haa4　tsin1　loey5
仄　仄　仄　仄　平　平　仄
\　\　\　\　V-　\　⌣⌣

记　阴　阴、绿　遍　江　南，
gei3　jam1　jam1　luk9　pin3　gong1　naam4
仄　平　平　仄　仄　平　平
\　\　V-　\　\　\　V-

　　　　3　　　3
夜　　窗　　听　　暗　　雨。
je6　tsoeng1 ting1　am3　jy5
仄　　平　　平　　仄　　仄
\　　 V-　　\　　 \　　 ⌣⌣

《绮罗香》，双调一百零四字，上片四仄韵，下片五仄韵。

89. 永遇乐 绿阴

[宋] 蒋捷

3　　　　3　　3　　　　　3　　　3
清　　逼　　池　　亭，润　　侵　　山　　阁，
tsing1 bik7　tsi4　ting4　joen6　tsam1 saan1 gok8
平　　仄　　平　　平　　仄　　平　　平　　仄
\　　 \　　 \　　 V-　　\　　 V-　　\　　 \

3　　　　3
云　　气　　凝　　聚。
wan4　hei3　jing4　dzoey6
平　　仄　　平　　仄
\　　 \　　 \　　 ⌣⌣

　　　　　3　　3　　　　3
未　　有　　蝉　　前，已　　无　　蝶　　后，
mei6　jau5　sim4　tsin4　ji5　mou4　dip9　hau6
仄　　仄　　平　　平　　仄　　平　　仄　　仄
\　　 \　　 \　　 V-　　\　　 V-　　\　　 \

花事随流水。
faa1　si6　tsoey4　lau4　soey2
平　仄　平　平　仄
\　\　\　\　ᴗᴗ

西园支径，今朝重到，
sai1　jyn4　dzi1　ging3　gam1　dziu1　tsung4　dou3
平　平　平　仄　平　平　平　仄
\　V-　\　\　\　V-　\　\

半碍醉筇吟袂。
bun3　ngoi6　dzoey3　kung4　jam4　mai6
仄　仄　仄　平　平　仄
\　\　\　V-　\　ᴗᴗ

除非是、莺身瘦小，
tsoey4　fei1　si6　ang1　san1　sau3　siu2
平　平　仄　平　平　仄　仄
V　\　\　\　V-　\　\

暗中引雏穿去。
am3　dzung1　jan5　tso1　tsyn1　hoey3
仄　平　仄　平　平　仄
\　V-　\　V-　\　ᴗᴗ

梅	檐	溜	滴，	风	来	吹	断，
mui4	jim4	lau6	dik9	fung1	loi4	tsoey1	dyn6
平	平	仄	仄	平	平	平	仄
\	V-	\	\	\	V-	\	\

放	得	斜	阳	一	缕。
fong3	dak7	tse4	joeng4	jat7	loey5
仄	仄	平	平	仄	仄
\	\	\	V-	\	⌣⌣

玉	子	敲	枰，	香	绡	落	剪，
juk9	dzi2	haau1	ping4	hoeng1	siu1	lok9	dzin2
仄	仄	平	平	平	平	仄	仄
\	\	\	V-	\	V-	\	\

声	度	深	几	许。
sing1	dou6	sam1	gei2	hoey2
平	仄	平	仄	仄
\	\	\	\	⌣⌣

层	层	离	恨，	凄	迷	如	此，
tsang4	tsang4	lei4	han6	tsai1	mai4	jy4	tsi2
平	平	平	仄	平	平	平	仄
\	V-	\	\	\	V-	\	\

```
           3    3
点   破   漫   烦   轻   絮。
dim2 po3 maan6 faan4 hing1 soey5
仄   仄   仄   平   平   仄
\   \    \    \/-  \    ⌣⌣


 3   3        3    3
应   难   认、 争   春   旧   馆,
jing1 naan4 jing6 dzang1 tsoen1 gau6 gun2
平   平   仄   平   平   仄   仄
\/   \    \    \    \/-  \    \


          3
倚   红   杏   处。
ji2 hung4 hang6 tsy3
仄   平   仄   仄
\    \    \    ⌣⌣
```

《永遇乐》,双调一百零四字,上下片各四仄韵。

90.南浦 春暮

[宋] 程垓

```
 3              3      3                   3
 金   鸭   懒   薰   香,   向   晚   来,
 gam1 aap8 laan5 fan1 hoeng1 hoeng3 maan5 loi4
 平   仄   仄   平   平     仄     仄    平
 \   \   \   \   V-    \     \    V-


 3    3      3
 春   醒   一   枕   无   绪。
 tsoen1 tsing4 jat7 dzam2 mou4 soey5
 平    平    仄   仄    平   仄
 \    V-    \   \    \   ⌣⌣


 3          3    3
 浓   绿   涨   瑶   窗,
 nung4 luk9 dzoeng3 jiu4 tsoeng1
 平    仄   仄     平   平
 \    \   \     \   V-


 3   3      3                3   3
 东   风   外、 吹   尽   乱   红   飞   絮。
 dung1 fung1 ngoi6 tsoey1 dzoen6 lyn6 hung4 fei1 soey5
 平   平   仄   平   仄   仄   平   平   仄
 V   \   \   \   \   \   V-  \   ⌣⌣
```

无　　言　　伫　　立，　断　　肠　　惟　　有　　流　　莺　　语。
mou4　jin4　tsy5　lap9　dyn6　tsoeng4　wai4　jau5　lau4　ang1　jy5
平　　平　　仄　　仄　　仄　　平　　平　　仄　　平　　平　　仄
\　　 V-　 \　　 \　　 \　　 V-　 \　　 \　　 \　　 \　　 ⌣

　　　　　　　　　碧　　云　　欲　　暮。
　　　　　　　　　bik7　wan4　juk9　mou6
　　　　　　　　　仄　　平　　仄　　仄
　　　　　　　　　\　　 V-　 \　　 ⌣⌣

空　　惆　　怅　　韶　　华，　一　　时　　虚　　度。
hung1　tsau4　tsoeng3　siu4　waa4　jat7　si4　hoey1　dou6
平　　平　　仄　　平　　平　　仄　　平　　平　　仄
\　　 \　　 \　　 \　　 V-　 \　　 V-　 \　　 ⌣⌣

追　　思　　旧　　日　　心　　情，
dzoey1　si1　gau6　jat9　sam1　tsing4
平　　平　　仄　　仄　　平　　平
\　　 V-　 \　　 \　　 \　　 V-

记　　题　　叶　　西　　楼，　吹　　花　　南　　浦。
gei3　tai4　jip9　sai1　lau4　tsoey1　faa1　naam4　pou2
仄　　平　　仄　　平　　平　　平　　平　　平　　仄
\　　 \　　 \　　 \　　 V-　 \　　 V-　 \　　 ⌣⌣

$\overset{3}{老}$ 　$\overset{3}{来}$ 　$\overset{3}{觉}$ 　欢 　疏，
lou5　loi4　gok8　fun1　so1
仄 　平 　仄 　平 　平
\ 　V- 　\ 　\ 　\

$\overset{3}{伤}$ 　$\overset{3}{春}$ 　$\overset{3}{恨}$ 、 都 　付 　$\overset{3}{断}$ 　$\overset{3}{云}$ 　残 　雨。
soeng1　tsoen1　han6　dou1　fu6　dyn6　wan4　tsaan4　jy5
平 　平 　仄 　平 　仄 　仄 　平 　平 　仄
\ 　\ 　\ 　\ 　\ 　\ 　V- 　\ 　⌣⌣

$\overset{3}{黄}$ 　$\overset{3}{昏}$ 　院 　落， 问 　$\overset{3}{谁}$ 　$\overset{3}{犹}$ 　$\overset{3}{在}$ 　$\overset{3}{凭}$ 　栏 　处。
wong4　fan1　jyn6　lok9　man6　soey4　jau4　dzoi6　pang4　laan4　tsy3
平 　平 　仄 　仄 　仄 　平 　平 　仄 　平 　平 　仄
\ 　V- 　\ 　\ 　\ 　V- 　\ 　\ 　\ 　\ 　⌣⌣

可 　堪 　$\overset{3}{杜}$ 　宇。
ho2　ham1　dou6　jy5
仄 　平 　仄 　仄
\ 　V- 　\ 　⌣⌣

$\overset{3}{空}$ 　只 　解 　$\overset{3}{声}$ 　$\overset{3}{声}$ ， $\overset{3}{催}$ 　他 　$\overset{3}{春}$ 　去。
hung1　dzi2　gaai2　sing1　sing1　tsoey1　taa1　tsoen1　hoey3
平 　仄 　仄 　平 　平 　平 　平 　平 　仄
\ 　\ 　\ 　\ 　V- 　\ 　V- 　\ 　⌣⌣

《南浦》，双调一百零五字，上下片各五仄韵。

91. 望海潮 凯旋舟次

[金] 折元礼

5̇	5̇		2	2	5̇	
地	雄	河	岳，	疆	分	韩	晋，
dei6	hung4	ho4	ngok9	goeng1	fan1	hon4	dzoen3
仄	平	平	仄	平	平	平	仄
\	V-	\	\	\	V-	\	\

5̇	2	2		5̇	5̇
潼	关	高	压	秦	头。
tung4	gwaan1	gou1	aat8	tsoen4	tau4
平	平	平	仄	平	平
\	V-	\	\	\	~~

2				5̇	2	2	
山	倚	断	霞，	江	吞	绝	壁，
saan1	ji2	dyn6	haa4	gong1	tan1	dzyt9	bik7
平	仄	仄	平	平	平	仄	仄
\	\	\	V-	\	V-	\	\

	2	5̇		2	2
野	烟	萦	带	沧	洲。
je5	jin1	jing4	daai3	tsong1	dzau1
仄	平	平	仄	平	平
\	V-	\	\	\	~~

			5̇	2					
虎	旆	拥	貔	貅。					
fu2	pui3	jung2	pei4	jau1					
仄	仄	仄	平	平					
\	\	\	\	~					

		5̇		2			5̇	2	
看	阵	云	截	岸，	霜	气	横	秋。	
hon3	dzan6	wan4	dzit9	ngon6	soeng1	hei3	waang4	tsau1	
仄	仄	平	仄	仄	平	仄	平	平	
\	\	V-	\	\	\	\	\	~~	

2		5̇	5̇		2	5̇		5̇	2
千	雉	严	城，	五	更	残	角	月	如	钩。
tsin1	dzi6	jim4	sing4	ng5	gaang1	tsaan4	gok8	jyt9	jy4	ngau1
平	仄	平	平	仄	平	平	仄	仄	平	平
\	\	\	V-	\	V-	\	\	\	\	~~

2	2			2	5̇	
西	风	晓	入	貂	裘。	
sai1	fung1	hiu2	jap9	diu1	kau4	
平	平	仄	仄	平	平	
\	V-	\	\	\	~~	

	5̇	2				2	5̇	
恨	儒	冠	误	我，	却	羡	兜	鍪。
han6	jy4	gun1	ng6	ngo5	koek8	sin6	dau1	mau4
仄	平	平	仄	仄	仄	仄	平	平
\	\	V-	\	\	\	\	\	~~

			5̇	2	2		
六	郡	少	年，	三	关	老	将，
luk9	gwan6	siu3	nin4	saam1	gwaan1	lou5	dzoeng3
仄	仄	仄	平	平	平	仄	仄
\\	\\	\\	V-	\\	V-	\\	\\

	5̇	2	2	2	
贺	兰	烽	火	新	收。
ho6	laan4	fung1	fo2	san1	sau1
仄	平	平	仄	平	平
\\	V-	\\	\\	\\	~~

2		5̇	5̇	
天	外	岳	莲	楼。
tin1	ngoi6	ngok9	lin4	lau4
平	仄	仄	平	平
\\	\\	\\	\\	~~

		5̇				2	2
挂	几	行	雁	字，	指	引	归	舟。
gwaa3	gei2	hong4	ngaan6| dzi6	dzi2	jan5	gwai1	dzau1
仄	仄	平	仄	仄	仄	仄	平	平
\\	\\	V-	\\	\\	\\	\\	\\	~~

		5̇	2					5̇	2	
正	好	黄	金	换	酒，	羯	鼓	醉	凉	州。
dzing3	hou2	wong4	gam1	wun6	dzau2	kit8	gu2	dzoey3	loeng4	dzau1
仄	仄	平	平	仄	仄	仄	仄	仄	平	平
\\	\\	\\	V-	\\	\\	\\	\\	\\	\\	~~

《望海潮》，双调一百零七字，上片五平韵，下片六平韵。

92.夺锦标 七夕

[元] 张埜

3.		3.	3.	3.	3.		
凉	月	横	舟，	银	河	浸	练，
loeng4	jyt9	waang4	dzau1	ngan4	ho4	dzam3	lin6
平	仄	平	平	平	平	仄	仄
\	\	\	V-	\	V-	\	\

		3.	3.	3.		
万	里	秋	容	如	拭。	
maan6	lei5	tsau1	jung4	jy4	sik7	
仄	仄	平	平	平	仄	
\	\	\	V-	\	⌣	

		3.	3		
冉	冉	鸾	骖	鹤	驭，
jim5	jim5	lyn4	tsaam1	hok8	jy6
仄	仄	平	平	仄	仄
\	\	\	V-	\	\

3.		3	3.		3	3	
桥	倚	高	寒，	鹊	飞	空	碧。
kiu4	ji2	gou1	hon4	dzoek8	fei1	hung1	bik7
平	仄	平	平	仄	平	平	仄
\	\	\	V-	\	V-	\	⌣⌣

　　　　　3　　 3̣
问　欢　情　几　许，
man6　fun1　tsing4　gei2　hoey2
仄　平　平　仄　仄
\　　\　　V-　\　　\

　　　　3　　　3　　　3̣　　3
早　收　拾、新　愁　重　织。
dzou2　sau1　sap9　san1　sau4　tsung4　dzik7
仄　平　仄　平　平　平　仄
\　　\　　\　　\　　V-　\　　⌣

　　　3̣　　3　　　　3　　3
恨　人　间、会　少　离　多，
han6　jan4　gaan1　wui6　siu2　lei4　do1
仄　平　平　仄　仄　平　平
\　　\　　V-　\　　\　　\　　V-

　　　　3　　3　　3
万　古　千　秋　今　夕。
maan6　gu2　tsin1　tsau1　gam1　dzik9
仄　仄　平　平　平　仄
\　　\　　\　　V-　\　　⌣⌣

3̣　　3̣　　3̣　　　　　　3̣　　3̣
谁　念　文　园　病　客，夜　色　沉　沉，
soey4　nim6　man4　jyn4　beng6　haak8　je6　sik7　tsam4　tsam4
平　仄　平　平　仄　仄　仄　仄　平　平
\　　\　　\　　V-　\　　\　　\　　\　　\　　V-

粤语吟诵《白香词谱》一百例

独　抱　一　天̇³　岑³　寂。
duk9　pou5　jat7　tin1　sam4　dzik9
仄　仄　仄　平　平　仄
\　\　\　∨-　\　⌣⌣

忍　记　穿³　针³　亭̇³　榭，
jan2　gei3　tsyn1　dzam1　ting4　dze6
仄　仄　平　平　平　仄
\　\　\　∨-　\　\

³　　　　³　　³̇　　　　³　　³̇
金　鸭　香　寒，玉　徽　尘　积。
gam1　aap8　hoeng1　hon4　juk9　fai1　tsan4　dzik7
平　仄　平　平　仄　平　平　仄
\　\　\　∨-　\　∨-　\　⌣

³　³̇
凭　新　凉　半　枕，
bang6　san1　loeng4　bun3　dzam2
仄　平　平　仄　仄
\　\　∨-　\　\

³　³　³̇　³̇　³
又　依　稀、行　云　消　息。
jau6　ji1　hei1　hang4　wan4　siu1　sik7
仄　平　平　平　平　平　仄
\　\　∨-　\　∨-　\　⌣

　　　　3　　3　　　　　　3　　3
　　听　窗　前、泪　雨　浪　浪，
　　ting6 tsoeng1 tsin4 loey6 jy5 long4 long4
　　仄　平　平　仄　仄　平　平
　　\　\　V-　\　\　\　V-

　　　　　　　3　　3　　3
　　梦　里　檐　声　犹　滴。
　　mung6 loey5 jim4 sing1 jau4 dik9
　　仄　仄　平　平　平　仄
　　\　\　\　V-　\　⌣⌣

《夺锦标》，双调一百零八字，上片四仄韵，下片五仄韵。入声韵脚不拖腔者以⌣标注。

93.薄 幸 春情

[宋] 贺铸

　　　　3　　3
　　淡　妆　多　态。
　　daam6 dzong1 do1 taai3
　　仄　平　平　仄
　　\　V-　\　⌣

　　　　　　3　　3
　　更　滴　滴、频　回　眄　睐。
　　gang3 dik9 dik9 pan4 wui4 min5 loi6
　　仄　仄　仄　平　平　仄　仄
　　\　\　\　平　V-　\　⌣⌣

		3·	3	3		
便	认	得、	琴	心	先	许,
bin6	jing6	dak7	kam4	sam1	sin1	hoey2
仄	仄	仄	平	平	平	仄
\	\	\	\	V-	\	\

		3	3			
欲	绾	合	欢	双	带。	
juk9	waan2	hap9	fun1	soeng1	daai3	
仄	仄	仄	平	平	仄	
\	\	\	V-	\	⌣	

		3·	3		3·	3
记	画	堂、	风	月	逢	迎,
gei3	waa6	tong4	fung1	jyt9	fung4	jing4
仄	仄	平	平	仄	平	平
\	\	V-	\	\	\	V-

3·	3			3	3	
轻	颦	浅	笑	娇	无	奈。
hing1	pan4	tsin2	siu3	giu1	mou4	noi6
平	平	仄	仄	平	平	仄
\	V-	\	\	\	\	⌣⌣

			3·	3	3·	3	3·
向	睡	鸭	炉	边,	翔	鸾	屏	里,
hoeng3	soey6	aap8	lou4	bin1	tsoeng4	lyn4	ping4	loey5
仄	仄	仄	平	平	平	平	平	仄
\	\	\	\	V-	\	V-	\	\

羞　　把　　香　　罗　　暗　　解。
sau1　baa2　hoeng1　lo4　am3　gaai2
平　　仄　　平　　平　　仄　　仄
\　　\　　\　　∨-　\　　⌣⌣

自　　过　　了、　烧　　灯　　后，
dzi6　gwo3　liu5　siu1　dang1　hau6
仄　　仄　　仄　　平　　平　　仄
\　　\　　\　　\　　\　　\

都　　不　　见、　踏　　青　　挑　　菜。
dou1　bat7　gin3　daap9　tsing1　tiu1　tsoi3
平　　仄　　仄　　仄　　平　　平　　仄
\　　\　　\　　\　　∨-　\　　⌣

几　　回　　凭　　双　　燕，叮　　咛　　深　　意，
gei2　wui4　pang4　soeng1　jin3　ding1　ning4　sam1　ji3
仄　　平　　平　　平　　仄　　平　　平　　平　　仄
\　　∨-　\　　\　　\　　\　　∨-　\　　\

往　　来　　却　　恨　　重　　帘　　碍。
wong5　loi4　koek8　han6　tsung4　lim4　ngoi6
仄　　平　　仄　　仄　　平　　平　　仄
\　　∨-　\　　\　　\　　\　　⌣⌣

```
      3   3
约    何   时   再。
joek8 ho4  si4  dzoi3
仄    平   平   仄
\     \    \    ⌣

           3   3
正    春   浓   酒   困,
dzing3 tsoen1 nung4 dzau2 kwan3
仄    平   平   仄   仄
\     \    ∨-   \    \

3    3               3   3
人   闲   昼   永   无   聊   赖。
jan4 haan4 dzau3 wing5 mou4 liu4 laai6
平   平   仄   仄   平   平   仄
\    ∨-   \    \    \    \    ⌣⌣

3    3              3        3
恹   恹   睡   起,  犹   有   花   梢   日   在。
jim1 jim1 soey6 hei2 jau4 jau5 faa1 saau1 jat9 dzoi6
平   平   仄   仄   平   仄   平   平   仄   仄
\    ∨-   \    \    \    \    \    ∨-   \    ⌣⌣
```

《薄幸》,双调一百零八字,上下片各五仄韵。

94. 疏影 梅影

[宋] 张炎

　　3·　　3
黄　昏　片　月。
wong4 fan1 pin3 jyt9
平　平　仄　仄
\　 V- 　\　 ⌒

　　　　　　3　　　　　　3·　　3
似　碎　阴　满　地，还　更　清　绝。
tsi5 soey3 jam1 mun5 dei6 waan4 gang3 tsing1 dzyt9
仄　仄　平　仄　仄　平　仄　平　仄
\　 \　 V- 　\　 \　 V- 　\　 V- 　⌒⌒

3　　3　　3·　 3·　　　　3·　　3
枝　北　枝　南，疑　有　疑　无，
dzi1 bak7 dzi1 naam4 ji4 jau5 ji4 mou4
平　仄　平　平　平　仄　平　平
\　 \　 V- 　V- 　V- 　\　 V- 　V-

　　　　　　3　　3·
几　度　背　灯　难　折。
gei2 dou6 bui3 dang1 naan4 dzit8
仄　仄　仄　平　平　仄
\　 \　 \　 V- 　\　 ⌒⌒

粤语吟诵《白香词谱》一百例　215

|3　　　3　　　　　　　3̇　　3̇|
依　稀　倩　女　离　魂　处，
ji1　hei1　sin6　noey5　lei4　wan4　tsy3
平　平　仄　仄　平　平　仄
\　V-　\　\　\　\　\

　　　　　　　　3̇　　3̇　　3̇
缓　步　出、前　村　时　节。
wun6　bou6　tsoet7　tsin4　tsyn1　si4　dzit8
仄　仄　仄　平　平　平　仄
\　\　\　\　V-　\　⌣⌣

　　　　　　3　　　　3̇　　3̇
看　夜　深、竹　外　横　斜，
hon3　je6　sam1　dzuk7　ngoi6　waang4　tse4
仄　仄　平　仄　仄　平　平
\　\　V-　\　\　\　V-

3　　　　　3̇　　3̇
应　妒　过　云　明　灭。
jing1　dou3　gwo3　wan4　ming4　mit9
平　仄　仄　平　平　仄
\　\　\　V-　\　⌣⌣

3　　　　3̇　　3̇
窥　镜　蛾　眉　淡　抹，
kwai1　geng3　ngo4　mei4　daam6　mut8
平　仄　平　平　仄　仄
\　\　\　V-　\　\

为　容　不　在　貌，　独　抱　孤　洁。
wai6　jung4　bat7　dzoi6　maau6　duk9　pou5　gu1　git8
仄　平　仄　仄　仄　仄　仄　平　仄
\　V-　\　\　\　\　\　⌣⌣

莫　是　花　光，　描　取　春　痕，
mok9　si6　faa1　gwong1　miu4　tsoey2　tsoen1　han4
仄　仄　平　平　平　仄　平　平
\　\　\　V-　\　\　\　V-

不　怕　丽　谯　吹　彻。
bat7　paa3　lai6　tsoey1　tsit8
仄　仄　仄　平　平　仄
\　\　\　V-　\　⌣⌣

还　惊　海　上　燃　犀　处，
waan4　ging1　hoi2　soeng6　jin4　sai1　tsy3
平　平　仄　仄　平　平　仄
\　V-　\　\　\　\　\

照　水　底、　珊　瑚　如　活。
dziu3　soey2　dai2　saan1　wu4　jy4　wut9
仄　仄　仄　平　平　平　仄
\　\　\　\　V-　\　⌣⌣

			3	3	3
做	弄	得、| 酒	醒	天	寒，
dzou6	lung6	dak7	dzau2	sing1	tin1	hon4
仄	仄	仄	仄	平	平	平
\	\	\	\	V-	\	V-

3			3	3	
空	对	一	庭	春	雪。
hung1	doey3	jat7	ting4	tsoen1	syt8
平	仄	仄	平	平	仄
\	\	\	V-	\	⌣⌣

《疏影》，双调一百一十字，上片五仄韵，下片四仄韵。入声韵脚不拖腔者以⌣标注。

95. 过秦楼 秋夜

[宋] 周邦彦

		3	3		3	3	
水	浴	银	蟾，	叶	喧	凉	吹，
soey2	juk9	ngan4	sim4	jip9	hyn1	loeng4	tsoey6
仄	仄	平	平	仄	平	平	仄
\	\	\	V-	\	V-	\	\

			3	3	
巷	陌	马	声	初	断。
hong6	mak9	maa5	sing1	tso1	dyn6
仄	仄	仄	平	平	仄
\	\	\	V-	\	⌣⌣

3	3					3	3
闲	依	露	井，	笑	扑	流	萤，
haan4	ji1	lou6	dzing2	siu3	pok8	lau4	jing4
平	平	仄	仄	仄	仄	平	平
|V-	|||||V-

			3	3	
惹	破	画	罗	香	扇。
je5	po3	waa6	lo4	hoeng1	sin3
仄	仄	仄	平	平	仄
|||V-	|⌣

3				3	3
人	静	夜	久	凭	栏，
jan4	dzing6	je6	gau2	pang4	laan4
平	仄	仄	仄	平	平
|||||V-

3	3	3		3	3		
愁	不	归	眠，	立	残	更	箭。
sau4	bat7	gwai1	min4	lap9	tsaan4	gaang1	dzin3
平	仄	平	平	仄	平	平	仄
|||V-	|V-	|⌣⌣

	3	3		
叹	年	华	一	瞬，
taan3	nin4	waa4	jat7	soen3
仄	平	平	仄	仄
||V-	||

3　3　3　　3　3
人　今　千　里，梦　沉　书　远。
jan4 gam1 tsin1 lei5 mung6 tsam4 sy1 jyn5
平　平　平　仄　仄　平　平　仄
\　V-　\　\　\　V-　\　⌣⌣

3　　　　　　3　3　3　3　3
空　见　说，鬓　怯　琼　梳，容　消　金　镜，
hung1 gin3 syt8 ban3 hip8 king4 so1 jung4 siu1 gam1 geng3
平　仄　仄　仄　仄　平　平　平　平　平　仄
V　\　\　\　\　\　V-　\　V-　\　\

　　　　　　3　3
渐　懒　趁　时　匀　染。
dzim6 laan5 tsan3 si4 wan4 jim5
仄　仄　仄　平　平　仄
\　\　\　V-　\　⌣⌣

3　3　　　3　　3　3
梅　风　地　溽，虹　雨　苔　滋，
mui4 fung1 dei6 juk9 hung4 jy5 toi4 dzi1
平　平　仄　仄　平　仄　平　平
\　V-　\　\　\　\　\　V-

　　　3　3
一　架　舞　红　都　变。
jat7 gaa3 mou5 hung4 dou1 bin3
仄　仄　仄　平　平　仄
\　\　\　V-　\　⌣⌣

谁　信　无　聊，　为　伊　才　减　江　淹，
soey4 soen3 mou4 liu4 wai6　ji1 tsoi4 gaam2 gong1 jim1
平　仄　平　平　仄　平　平　仄　平　平
\　\　\　\　V-　\　\　\　\　V-

情　伤　荀　倩。
tsing4 soeng1 soen1 sin6
平　平　平　仄
\　V-　\　~~

但　明　河　影　下，还　看　疏　星　几　点。
daan6 ming4 ho4 jing2 haa6 waan4 hon1 so1 sing1 gei2 dim2
仄　平　平　仄　仄　平　平　平　平　仄　仄
\　\　V-　\　\　V-　\　\　\　\　~~

《过秦楼》，双调一百一十字，上下片各四仄韵。

96.沁园春 有感

[宋] 陆游

孤　鹤　归　来，再　过　辽　天，换　尽　旧　人。
gu1 hok8 gwai1 loi4 dzoi3 gwo3 liu4 tin1 wun6 dzoen6 gau6 jan4
平　仄　平　平　仄　仄　平　平　仄　仄　仄　平
\　\　\　\　V-　\　\　V-　\　\　\　~~

粤语吟诵《白香词谱》一百例

念　累　累　枯　冢，茫　茫　梦　境，
nim6 loey4 loey4 fu1 tsung2 mong4 mong4 mung6 ging2
仄　平　平　平　仄　平　平　仄　仄
\　\　\　\　\　\　\　\　\

王　侯　蝼　蚁，毕　竟　成　尘。
wong4 hau4 lau4 ngai5 bat7 ging2 sing4 tsan4
平　平　平　仄　仄　仄　平　平
\　V-　\　\　\　\　\　~~

载　酒　园　林，寻　花　巷　陌，
dzoi3 dzau2 jyn4 lam4 tsam4 faa1 hong6 mak9
仄　仄　平　平　平　平　仄　仄
\　\　\　V-　\　V-　\　\

当　日　何　曾　轻　负　春。
dong1 jat9 ho4 tsang4 hing1 fu6 tsoen1
平　仄　平　平　平　仄　平
\　\　\　V-　\　\　~~

流　年　改，叹　围　腰　带　剩，点　鬓　霜　新。
lau4 nin4 goi2 taan3 wai4 jiu1 daai3 sing6 dim2 ban3 soeng1 san1
平　平　仄　仄　平　平　仄　仄　仄　仄　平　平
V　\　\　\　\　V-　\　\　\　\　\　~~

2	2			5̇	5̇		
交	亲	散	落	如	云。		
gaau1	tsan1	saan3	lok9	jy4	wan4		
平	平	仄	仄	平	平		
\	V-	\	\	\	~~		

			5̇	2	5̇		2
又	岂	料、	而	今	余	此	身。
jau6	hei2	liu6	ji4	gam1	jy4	tsi2	san1
仄	仄	仄	平	平	平	仄	平
\	\	\	\	V-	\	\	~~

		5̇	2		5̇	2	
幸	眼	明	身	健，	茶	甘	饭	软，
hang6	ngaan5	ming4	san1	gin6	tsaa4	gam1	faan6	jyn5
仄	仄	平	平	仄	平	平	仄	仄
\	\	V-	\	\	\	V-	\	\

2	5̇				5̇	5̇	
非	惟	我	老，	更	有	人	贫。
fei1	wai4	ngo5	lou5	gang3	jau5	jan4	pan4
平	平	仄	仄	仄	仄	平	平
\	V-	\	\	\	\	\	~~

		5̇	2	2	5̇		
躲	尽	危	机，	消	残	壮	志，
do2	dzoen6	ngai4	gei1	siu1	tsaan4	dzong3	dzi3
仄	仄	平	平	平	平	仄	仄
\	\	\	V-	\	V-	\	\

```
          5̇   2   5̇       5̇
短   艇   湖   中   闲   采   莼。
dyn2 teng5 wu4 dzung1 haan4 tsoi2 soen4
仄   仄   平   平   平   仄   平
\    \    \    V-   \    \    ~~


5̇   5̇
吾   何   恨,
ng4  ho4  han6
平   平   仄
V    \    \


       5̇   2       2       5̇   5̇
有   渔   翁   共   醉,  溪   友   为   邻。
jau5 jy4 jung1 gung6 dzoey3 kai1 jau5 wai4 loen4
仄   平   平   仄   仄   平   仄   平   平
\    \    V-   \    \    \    \    \    ~~
```

《沁园春》，双调一百一十四字，上片四平韵，下片五平韵。

97. 摸鱼儿 送春

[元]张翥

```
        3      3           3       3
涨       西     湖、 半      篙      新      雨，
dzoeng2  sai1  wu4  bun3   gou1   san1    jy5
仄       平    平    仄     平      平      仄
\        \    \     \     V-      \      \

        3     3           3
曲      尘    波    外     风      软。
kuk7   tsan4 bo1  ngoi6  fung1   jyn5
仄      平   平    仄      平      仄
\       V-   \    \       \      ~~

3      3     3           3      3
兰     舟    同    上     鸳     鸯     浦，
laan4 dzau1 tung4 soeng5 jyn1  joeng1  pou2
平     平    平    仄     平     平      仄
\     V-    \    \       \     \      \
                                        ~

3           3     3
天     气    嫩    寒     轻     暖。
tin1  hei3 nyn6  hon4   hing1  nyn5
平     仄   仄    平      平     仄
\      \   \    V-      \      ~~
```

3
帘　　半　　卷。
lim4　bun3　gyn2
平　　仄　　仄
∨　　＼　　⌣⌣

　　　　　　　　　　3　　3　　　　　　　3　　3
度　一　缕、歌　云　不　碍　桃　花　扇。
dou6 jat7 loey5 go1 wan4 bat7 ngoi6 tou4 faa1 sin3
仄　仄　仄　平　平　仄　仄　平　平　仄
＼　＼　＼　＼　∨-　＼　＼　＼　＼　⌣⌣

3　　3
莺　娇　燕　婉。
ang1 giu1 jin3 jyn2
平　平　仄　仄
＼　∨-　＼　⌣⌣

　　　　　　3　　　3　　3
任　　狂　　客　　无　　肠，
jam6 kong4 haak8 mou4 tsoeng4
仄　　平　　仄　　平　　平
＼　　＼　　＼　　＼　　∨-

3　　3
王　孙　有　恨，莫　放　酒　杯　浅。
wong4 syn1 jau5 han6 mok9 fong3 dzau2 bui1 tsin2
平　平　仄　仄　仄　仄　仄　平　仄
＼　∨-　＼　＼　＼　＼　＼　＼　⌣⌣

3̇ 3 3̇ 3̇ 3̇
垂 杨 岸， 何 处 红 亭 翠 馆。
soey4 joeng4 ngon6 ho4 tsy3 hung4 ting4 tsoey3 gun2
平 平 仄 平 仄 平 平 仄 仄
∨ \ \ \ \ \ ∨- \ ⌣⌣

3̇ 3 3̇ 3̇
如 今 游 兴 全 懒。
jy4 gam1 jau4 hing3 tsyn4 laan5
平 平 平 仄 平 仄
\ ∨- \ \ \ ⌣⌣

3 3̇ 3 3
山 容 水 态 依 然 好，
saan1 jung4 soey2 taai3 ji1 jin4 hou2
平 平 仄 仄 平 平 仄
\ ∨- \ \ \ \ \

3̇ 3̇ 3̇
惟 有 绮 罗 云 散。
wai4 jau5 ji2 lo4 wan4 saan3
平 仄 仄 平 平 仄
\ \ \ ∨- \ ⌣⌣

3
君 不 见。
gwan1 bat7 gin3
平 仄 仄
∨ \ ⌣

			3	3			3	3	
歌	舞	地、	青	芜	满	目	成	秋	苑。
go1	mou5	dei6	tsing1	mou4	mun5	muk9	sing4	tsau1	jyn2
平	仄	仄	平	平	仄	仄	平	平	仄
\	\	\	\	V-	\	\	\	⌣	⌣

3	3		
斜	阳	又	晚。
tse4	joeng4	jau6	maan5
平	平	仄	仄
\	V-	\	⌣

			3	3	3	3		
正	落	絮	飞	花，	将	春	欲	去，
dzing3	lok9	soey5	fei1	faa1	dzoeng1	tsoen1	juk9	hoey3
仄	仄	仄	平	平	平	平	仄	仄
\	\	\	\	V-	\	V-	\	\

			3	
目	送	水	天	远。
muk9	sung3	soey2	tin1	jyn5
仄	仄	仄	平	仄
\	\	\	\	⌣

《摸鱼儿》，双调一百一十六字，上片六仄韵，下片七仄韵。

98. 贺新郎 春闺

[宋] 李玉

                3   3

篆　　缕　　销　　金　　鼎。
syn6　loey5　siu1　gam1　ding2
仄　　仄　　平　　平　　仄
\　　\　　\　　\　　\

           3　　 3　　 3　　 3

醉　　沉　　沉、庭　　阴　　转　　午，
dzoey3 tsam4 tsam4 ting4 jam1 dzyn2 ng5
仄　　平　　平　　平　　平　　仄　　仄
\　　\　　V-　 \　　V-　 \　　\

          3　　 3

画　　堂　　人　　静。
waa6 tong4 jan4 dzing6
仄　　平　　平　　仄
\　　V-　 \　　⌣⌣

3　　　 3　　 3　　 3　　 3

芳　　草　　王　　孙　　知　　何　　处，
fong1 tsou2 wong4 syn1 dzi1 ho4 tsy3
平　　仄　　平　　平　　平　　平　　仄
\　　\　　\　　V-　 V　　\　　\

惟　有　杨　花　糁　径。
wai4　jau5　joeng4　faa1　sam2　ging3
平　仄　平　平　仄　仄
\　\　\　V-　\　⌣⌣

渐　玉　枕、薝　腾　初　醒。
dzim6　juk9　dzam2　mung4　tang4　tso1　sing2
仄　仄　仄　平　平　平　仄
\　\　\　\　V-　\　⌣

帘　外　残　红　春　已　透，
lim4　ngoi6　tsaan4　hung4　tsoen1　ji5　tau3
平　仄　平　平　平　仄　仄
\　\　\　V-　V　\　\

镇　无　聊、殢　酒　恹　恹　病。
dzan3　mou4　liu4　tai3　dzau2　jim1　jim1　beng6
仄　平　平　仄　仄　平　平　仄
\　\　V-　\　\　\　\　⌣⌣

云　鬟　乱，未　忺　整。
wan4　ban3　lyn6　mei6　hin1　dzing2
平　仄　仄　仄　平　仄
\　\　\　\　\　⌣⌣

江　　南　　旧　　事　　休　　重　　省。
gong1 naam4 gau6 si6 jau1 tsung4 sing2
平　　平　　仄　　仄　　平　　平　　仄
\　　V-　　\　　\　　\　　\　　⌣⌣

遍　　天　　涯、　寻　　消　　问　　息，断　　鸿　　难　　倩。
pin3 tin1 ngaai4 tsam4 siu1 man6 sik7 dyn6 hung4 naan4 tsing2
仄　　平　　平　　平　　平　　仄　　仄　　仄　　平　　平　　仄
\　　\　　V-　　\　　V-　　\　　\　　\　　V-　　\　　⌣⌣

月　　满　　西　　楼　　凭　　栏　　久，
jyt9 mun5 sai1 lau4 pang4 laan4 gau2
仄　　仄　　平　　平　　平　　平　　仄
\　　\　　\　　V-　　\　　\　　\

依　　旧　　归　　期　　未　　定。
ji1 gau6 gwai1 kei4 mei6 ding6
平　　仄　　平　　平　　仄　　仄
\　　\　　\　　V-　　\　　⌣⌣

又　　只　　恐、瓶　　沉　　金　　井。
jau6 dzi2 hung2 ping4 tsam4 gam1 dzing2
仄　　仄　　仄　　平　　平　　平　　仄
\　　\　　\　　\　　V-　　\　　⌣⌣

	3			3·	3·		
嘶	骑	不	来	银	烛	暗，	
sai1	kei3	bat7	loi4	ngan4	dzuk7	am3	
平	仄	仄	平	平	仄	仄	
\	\	\	V-	\	\	\	

	3	3·			3·	3·	
枉	教	人、	立	尽	梧	桐	影。
wong2	gaau1	jan4	lap9	dzoen6	ng4	tung4	jing2
仄	平	平	仄	仄	平	平	仄
\	\	V-	\	\	\	\	⌣

	3·			3·		
谁	伴	我，	对	鸾	镜。	
soey4	bun6	ngo5	doey3	lyn4	geng3	
平	仄	仄	仄	平	仄	
\	\	\	\	\	⌣⌣	

《贺新郎》，双调一百一十六字，上下片各六仄韵。

99.春风袅娜 游丝

[清] 朱彝尊

	2	2					5	5
倩	东	君	着	力，	系	住	韶	华。
tsing2	dung1	gwan1	dzoek9	lik9	hai6	dzy6	siu4	waa4
仄	平	平	仄	仄	仄	仄	平	平
\	\	V-	\	\	\	\	\	~~

2　　　　　　5·　2
穿　小　径，　漾　晴　沙。
tsyn1 siu2 ging3 joeng6 tsing4 saa1
平　仄　仄　仄　平　平
\　\　\　\　\　~~

　　2　5·　　　5·　5·
正　阴　云　笼　日，难　寻　野　马，
dzing3 jam1 wan4 lung5 jat9 naan4 tsam4 je5 maa5
仄　平　平　仄　仄　平　平　仄　仄
\　\　V-　\　\　\　V-　\　\

2　2　　　　　　2　5·
轻　飔　染　草，细　绾　秋　蛇。
hing1 si1 jim5 tsou2 sai3 waan2 tsau1 se4
平　平　仄　仄　仄　仄　平　平
\　V-　\　\　\　\　\　~~

　　　　5·　2　2　5·
燕　蹴　还　低，莺　衔　忽　溜，
jin3 tsuk7 waan4 dai1 ang1 haam4 fat7 lau6
仄　仄　平　平　平　平　仄　仄
\　\　\　V-　V-　V-　\　\

　　5·　2　5·　　　2
惹　却　黄　须　无　数　花。
je5 koek8 wong4 sou1 mou4 sou3 faa1
仄　仄　平　平　平　仄　平
\　\　\　V-　\　\　~~

　　　　　　5̇　　5̇　　　　2
纵　　许　　悠　　扬　　度　　朱　　户，
dzung3 hoey2 jau4 joeng4 dou6 dzy1 wu6
仄　　仄　　平　　平　　仄　　平　　仄
\　　\　　\　　V-　　\　　\　　\

2　　5̇　　5̇　　　　　　2　　2
终　　愁　　人　　影　　隔　　窗　　纱。
dzung1 sau4 jan4 jing2 gaak8 tsoeng1 saa1
平　　平　　平　　仄　　仄　　平　　平
\　　V-　　\　　\　　\　　\　　~~

5̇　　　　　　5̇　　5̇　　　　2　　5̇
惆　　怅　　谢　　娘　　池　　阁，湘　　帘　　乍　　卷，
tsau4 tsoeng3 dze6 noeng4 tsi4 gok8 soeng1 lim4 dzaa3 gyn2
平　　仄　　仄　　平　　平　　仄　　平　　平　　仄　　仄
\　　\　　\　　V-　　\　　\　　\　　V-　　\　　\

5̇　　5̇　　　　　　　　5̇　　5̇
凝　　斜　　盼、近　　拂　　檐　　牙。
jing4 tse4 paan3 gan6 fat7 jim4 ngaa4
平　　平　　仄　　仄　　仄　　平　　平
V　　\　　\　　\　　\　　\　　~~

2　　5̇　　　　　　5̇　　2
疏　　篱　　罥，短　　垣　　遮。
so1 lei4 gyn3 dyn2 wun4 dze1
平　　平　　仄　　仄　　平　　平
V　　\　　\　　\　　\　　~~

5̇　　　2 　　　　　　　5̇　　2
微　　风　　别　　院，　好　　景　　谁　　家。
mei4 fung1 bit9 jyn6　hou2 ging2 soey4 gaa1
平　　平　　仄　　仄　　仄　　仄　　平　　平
\　　V-　　\　　\　　\　　\　　\　　~~

5̇　　　2　　5̇　　2　　5̇　　　5̇
红　　袖　　招　　时，　偏　　随　　罗　　扇，
hung4 dzau6 dziu1 si4　pin1 tsoey4 lo4 sin3
平　　仄　　平　　平　　平　　平　　平　　仄
\　　\　　\　　V-　　\　　V-　　\　　\

　　　　　　2　　　　　　　　2　　2
玉　　鞭　　堕　　处，　又　　逐　　香　　车。
juk9 bin1 do6 tsy3　jau6 dzuk9 hoeng1 tse1
仄　　平　　仄　　仄　　仄　　仄　　平　　平
\　　V-　　\　　\　　\　　\　　\　　~~

2　　2　　2　　　　　　2　　　　5̇
休　　憎　　轻　　薄，　笑　　多　　情　　似　　我，
jau1 dzang1 hing1 bok9　siu3 do1 tsing4 tsi5 ngo5
平　　平　　平　　仄　　仄　　平　　平　　仄　　仄
\　　V-　　\　　\　　\　　\　　V-　　\　　\

2　　2　　　　　　2　　　　2　　5̇
春　　心　　不　　定，　飞　　梦　　天　　涯。
tsoen1 sam1 bat7 ding6　fei1 mung6 tin1 ngaai4
平　　平　　仄　　仄　　平　　仄　　平　　平
\　　V-　　\　　\　　\　　\　　\　　~~

《春风袅娜》，双调一百二十五字，上下片各五平韵。

100. 多丽 西湖

[元] 张翥

```
        2       2           2      5·          5·    5·
晚      山      青。   一    川     云     树    冥    冥。
maan5   saan1   tsing1 jat7  tsyn1  wan4   sy6   ming4 ming4
仄      平      平     仄    平     平     仄    平    平
\       \       ~~     \     V-     \      \     \     ~~


        2       2       2      5·
正      参      差、   烟     凝     紫     翠,
dzing3  tsam1   tsi1    jin1   jing4  dzi2   tsoey3
仄      平      平      平     平     仄     仄
\       \       V-      \      V-     \      \


5·      5·              5·     5·
斜      阳      画      出     南     屏。
tse4    joeng4  waak9   tsoet7 naam4  ping4
平      平      仄      仄     平     平
\       V-      \       \      \      ~~


        2       2       5·     5·     5·
馆      娃      归,    吴     台     游     鹿,
gun2    waa1    gwai1   ng4    toi4   jau4   luk9
仄      平      平      平     平     平     仄
\       \       V-      \      V-     \      \
```

5̇	2			2	5̇	
铜	仙	去，	汉	苑	飞	萤。
tung4	sin1	hoey3	hon3	jyn2	fei1	jing4
平	平	仄	仄	仄	平	平
V	\	\	\	\	\	~~

5̇		5̇	2	5̇	2		
怀	古	情	多，	凭	高	望	极，
waai4	gu2	tsing4	do1	pang4	gou1	mong6	gik9
平	仄	平	平	平	平	仄	仄
\	\	\	V-	\	V-	\	\

	2	2			2	5̇	
且	将	尊	酒	慰	飘	零。	
tse2	dzoeng1	dzoen1	dzau2	wai3	piu1	ling4	
仄	平	平	仄	仄	平	平	
\	\	\	\	\	\	~~	

	5̇		5̇	2		
自	湖	上、	爱	梅	仙	远，
dzi6	wu4	soeng6	oi3	mui4	sin1	jyn5
仄	平	仄	仄	平	平	仄
\	\	\	\	V-	\	\

			5̇	2	
鹤	梦	几	时	醒。	
hok8	mung6	gei2	si4	sing1	
仄	仄	仄	平	平	
\	\	\	\	~~	

2	5̇		5̇	2		2	5̇	5̇	
空	留	得、	六	桥	疏	柳，	孤	屿	危	亭。
hung1	lau4	dak7	luk9	kiu4	so1	lau5	gu1	jy5	ngai4	ting4
平	平	仄	仄	平	平	仄	平	仄	平	平
∨	\	\	\	∨-	\	\	\	\	\	~~

	2	5̇	2	2			
待	苏	堤、	歌	声	散	尽，
doi6	sou1	tai4	go1	sing1	saan3	dzoen6
仄	平	平	平	平	仄	仄
\	\	∨-	\	∨-	\	\

	2	5̇	2		5̇	
更	须	携	妓	西	泠。
gang3	soey1	kwai4	gei6	sai1	ling4
仄	平	平	仄	平	平
\	∨-	\	\	\	~~

	2	2		5̇			
藕	花	深、	雨	凉	翡	翠，
ngau5	faa1	sam1	jy5	loeng4	fei2	tsoey3
仄	平	平	仄	平	仄	仄
\	\	∨-	\	∨-	\	\

2	5̇	2		2	5̇	
菰	蒲	软、	风	弄	蜻	蜓。
gu1	pou4	jyn5	fung1	lung6	tsing1	ting4
平	平	仄	平	仄	平	平
\	\	\	\	\	\	~~

澄　碧　生　秋，闹　红　驻　景，
tsing4 bik7 sang1 tsau1 naau6 hung4 dzy3 ging2
平　仄　平　平　仄　平　仄　仄
\　\　\　V-　\　V-　\　\

采　菱　新　唱　最　堪　听。
tsoi2 ling4 san1 tsoeng3 dzoey3 ham1 ting1
仄　平　平　仄　仄　平　平
\　V-　\　\　\　\　~~

见　一　片、水　天　无　际，
gin3 jat7 pin3 soey2 tin1 mou4 dzai3
仄　仄　仄　仄　平　平　仄
\　\　\　\　V-　\　\

渔　火　两　三　星。
jy4 fo2 loeng5 saam1 sing1
平　仄　仄　平　平
\　\　\　\　~~

多　情　月，为　人　留　照，未　过　前　汀。
do1 tsing4 jyt9 wai6 jan4 lau4 dziu3 mei6 gwo3 tsin4 ting1
平　平　仄　仄　平　平　仄　仄　仄　平　平
V　\　\　\　V-　\　\　\　\　\　~~

《多丽》，双调一百三十九字，上片七平韵，下片五平韵。

附录：

古典诗词粤语吟诵研究

分春馆粤语吟诵的基本规律

吴晓蔓　袁嘉琪

摘要：传统吟诵遵循"依字行腔"和"因声使气"的原则，分春馆的粤语吟诵基本符合上述规律，但由于粤语方言自身的特点，又呈现出一些差异与特色。在音调高低上，平声定音法与粤语方言的调值密切相关；在节奏长短上，节奏点的划分与文辞意义紧密结合；对于粤语方言本身具有的一些特殊现象也予以了关注和重视。

关键词：粤语；吟诵；规律

什么是吟诵？虽然学术界目前对此尚无统一且标准的定义，然而对于吟诵的特点与基本规律，许多学者的研究已经有了大体一致的方向。

国家非物质文化遗产"常州吟诵"的研究者秦德祥先生认为："吟诵，是一种介于诵读与唱歌之间的汉文古典文学作品口头表现艺术方式。"[①]它与诵读之间的差别在于具有明显的旋律，而旋律的音调高低与节奏长短是直接由汉字的声调平仄来决定的；它与唱歌之间的区别在于，除了旋律由声调平仄决定之外，由于个人的吟诵带有很大的自由性与即兴性，如一个节奏点内两字的节拍分配根据个人的理解有不同的处理方式，其旋律不可能完全用西洋乐谱中精确的音高与严密的节奏来记录。

虽然在全国各地以各种方言吟诵的流派很多，但是所有的传统吟诵都必须遵循两个基本规律：在音调高低方面遵循"依字行腔"的原

作者简介：吴晓蔓（1979— ），女，江苏南京人，广东工业大学副教授，中山大学文学博士，主要从事中国古典诗歌文献研究。袁嘉琪（2000— ），女，广东广州人，华南师范大学文学院学生。

[①] 秦德祥：《吟诵音乐》，北京：中国文联出版社，2002年10月，15页。

则，在节奏长短方面遵循"因声使气"的原则。

所谓"依字行腔"，就是依照汉字的平仄声调来行吟诵之腔，根据不同方言的语音特点具体表现为"平低仄高"或者"平高仄低"的现象。陈少松先生论证说："有些地区的腔调吟诵时，由平声字组成的节奏单位通常用较低的音，或其所配旋律是下降的；由仄声字组成的节奏单位通常用较高的音，或其所配旋律是上升的。"他以胡适（江淮方言）、霍松林（陇南方言）、周济仁（湖南长沙方言）和华钟彦（河南方言）等诸位先生的吟诵为例，说明他们在音高的处理上都基本遵循了"平低仄高"的规律，这是由于当地方言中平声字的声调低于仄声字的声调。而对于相反的"平高仄低"的现象，陈先生以王力（广西博白方言）、启功（北京方言）等先生的吟诵为例，这也是由于当地方言中平声字的声调高于仄声字的声调。[①]

所谓"因声使气"，就是因由汉字的平仄声调来使吟诵之气，决定其节奏的变化，具体表现为"平长仄短"的原则。如陈少松先生所说："多数人吟诵时，节奏点上平声字音的时值往往超过节奏点上仄声字音的时值，换句话说，就是节奏点上的平声字音通常比节奏点上的仄声字音拖得长一些。"[②]长音和短音有规律地交错出现，以达到跌宕参差、回环往复之美。

岭南地区的吟诵传统源远流长，分春馆粤语吟诵是由岭南词人朱庸斋先生传承和推广的使用粤语方言（广州话）的吟诵流派。笔者于2007年向分春馆门人吕君忾先生、陈永正先生请教和学习粤语吟诵，并于2012年12月开始采录吕君忾先生吟诵的音频资料。经过研究之后发现，分春馆吟诵基本遵循上述传统吟诵的两个基本规律，但由于粤语方言自身的一些特点，又呈现出不少细节上的差异与特色。

首先在音调的高低上。粤语（广州话）共有九个声调，其情况大致如下：

[①] 陈少松：《古诗词文吟诵研究》，北京：社会科学文献出版社，1996年12月，68—71页。
[②] 陈少松：《古诗词文吟诵研究》，北京：社会科学文献出版社，1996年12月，21页。

声调标号	1	2	3	4	5	6	7	8	9
声调种类	阴平	阴上	阴去	阳平	阳上	阳去	阴入	中入	阳入
调值	55	35	33	11	13	22	5	3	2
例字	分	粉	训	焚	奋	份	忽	发	罚
国际音标	fan1	fan2	fan3	fan4	fan5	fan6	fat7	faat8	fat9

从上表可以看出，在粤语方言的九个声调中，阴平（55）和阳平（11）分别是其中的最高值和最低值，其他的七个声调只是在这个区域之间波动，或者与之相平。因此，粤语方言并没有"平低仄高"或者"平高仄低"的说法，而是具有平仄互分高低的现象。使用粤语方言的吟诵在音调高低的处理上便保留了本土语言的特殊性。

吕君忾先生采用的是"平声定音法"。一方面，格律诗和平韵词用 C 调，诗词的文字中凡是阳平声定音为 5，阴平声定音为 2，其他上、去、入各仄声采取自然发声法，不须强行匹配乐音。①笔者曾尝试用简略的记谱方式来记录吟诵的音调。格律诗如：

登鹳雀楼
[唐] 王之涣

		2	2		5̇	5̇			5̇
白	日	依	山	尽，	黄	河	入	海	流。
baak9	jat9	ji1	saan1	dzoen6	wong4	ho4	jap9	hoi2	lau4
仄	仄	平	平	仄	平	平	仄	仄	平

---

① 吕君忾：《格律诗词之粤语吟诵》，《中国诗歌研究动态》，2009 年 1 期。

$\overset{\cdot}{5}$　2　　　　　　　　　$\overset{\cdot}{5}$　$\overset{\cdot}{5}$

欲　穷　千　里　目，更　上　一　层　楼。

juk9　kung4　tsin1　lei5　muk9　gang3　soeng5　jat7　tsang4　lau4

仄　平　平　仄　仄　仄　仄　仄　平　平

平韵词如：

忆江南 怀旧

[南唐] 李煜

2　　　　　　　　　　　$\overset{\cdot}{5}$　2

多　少　恨，昨　夜　梦　魂　中。

do1　siu2　han6　dzok9　je6　mung6　wan4　dzung1

平　仄　仄　仄　仄　仄　平　平

$\overset{\cdot}{5}$　　　$\overset{\cdot}{5}$　$\overset{\cdot}{5}$

还　似　旧　时　游　上　苑，

waan4　tsi5　gau6　si4　jau4　soeng6　jyn2

平　仄　仄　平　平　仄　仄

2　$\overset{\cdot}{5}$　$\overset{\cdot}{5}$　　　$\overset{\cdot}{5}$　$\overset{\cdot}{5}$

车　如　流　水　马　如　龙。

tse1　jy4　lau4　soey2　maa5　jy4　lung4

平　平　平　仄　仄　平　平

2　　　2　2

花　月　正　春　风。

faa1　jyt9　dzing3　tsoen1　fung1

平　仄　仄　平　平

这种定音法其实与粤语方言的调值密切相关。假如把粤语的九个声调根据调值关系直接与音乐当中的音调对应，则如下图所示：

阳平在最低音 1 上，而阴平在最高音 5 上。根据传统乐理当中"旋宫转调"的法则，C 调的 5̣（阳平）和 2（阴平）其实可以转变为 G 调的 1（阳平）和 5（阴平），两者在音程上都是相差三个半音阶。吕君忾先生以 C 调的 5̣（阳平）和 2（阴平）定音，是在保留了原有的调值关系上，选择了符合其中老年男子嗓音特点的音高。假如是嗓音较为尖细的少儿或者女子来吟诵，以 G 调的 1（阳平）和 5（阴平）定音，甚至在保留音程关系的基础上，以其他调式定音都是可以的。

另一方面，仄韵词用 G 调，阳平声定音为 6̣，阴平声定音为 6。①如：

如梦令 春景
[宋] 秦观

6̣				6̣	6̣̇					6	
莺	嘴	啄	花	红	溜,	燕	尾	点	波	绿	皱。
ang1	dzoey2	doek8	faa1	hung4	lau6	jin3	mei5	dim2	bo1	luk9	dzau3
平	仄	仄	平	平	仄	仄	仄	仄	平	仄	仄

---

① 吕君忾：《格律诗词之粤语吟诵》，《中国诗歌研究动态》，2009 年 1 期。

|　　　　　　　　　　　　６　　　６̇　　　６　　　　　　　　　　　　６̇　　　６
指　　冷　　玉　　笙　　寒，　　吹　　彻　　小　　梅　　春　　透。
dzi2　laang5　juk9　sang1　hon4　tsoey1　tsit8　siu2　mui4　tsoen1　tau3
仄　　仄　　仄　　平　　平　　平　　仄　　仄　　平　　平　　仄

６　　　　　　６　　　　　　　６̇　　　　　　　　　　６̇　　　　６
依　　旧。　依　　旧。　人　　与　　绿　　杨　　俱　　瘦。
ji1　gau6　ji1　gau6　jan4　jy5　luk9　joeng4　koey1　sau3
平　　仄　　平　　仄　　平　　仄　　仄　　平　　平　　仄

这是在原有调值关系的基础上，为了适应仄声韵脚而作出的一点调整。在吟诵中，韵脚是需要拉腔强调的。平声字可以无限拉长，仄声字却不能。正如中华吟诵学会秘书长徐健顺先生所说："入声本身就是短音。上声和去声，一个升，一个降。人的声域有限，不能无限升降，又不能升降一下再拖长，因为任何声调只要拖长，前面的升降的感觉会趋于消失，听起来都是平声。"[①]比如把"去"字拉长来念，后面的尾音听起来就和"区"字差不多了。在粤语吟诵中，本来阳平字与阴平字作为最低音与最高音，划定了音调波动的区域界限，就好像绘画的边框限定了笔下线条的界限一般。然而仄韵词的韵脚被拉长强调以后，总是要回到阴平的高度上来，好比绘画中的线条频频触及边框。为了使画面疏朗有致而不至于局促逼仄，需要把边框往外扩大一些。因此在 G 调 1（阳平）和 5（阴平）的框架上，分别把低音再降低一个半音阶，高音再升高一个音阶，变成 6̣（阳平）和 6̇（阴平）。这也是符合吕君忾先生的嗓音特点而做出的选择。只要音程关系不变，吟诵者可按个人的习惯音高去定音。

其次，在节奏的长短上。就笔者所见资料来看，分春馆粤语吟诵对于节奏点的划分是与文辞的意义紧密结合的。如七言律句，许多吟诵流派按照 2-2-2-1 的固定结构来划分节奏点，而分春馆吟诵则根据文辞的不

[①] 徐健顺：《论吟诵的基本方法》，《中国诗歌研究动态》，2011 年 2 期。

同结构有各种灵活的处理方式。如：

日	照	澄	洲	江	雾	开，
jat9	dziu3	tsing4	dzau1	gong1	mou6	hoi1
仄	仄	平	平	平	仄	平
\	\	\	\/-	\	\	~~

结构为 2-2-2-1，每字半拍。第二个节奏点的末字"洲"是平声，所以在原有半拍的基础上拖长一拍；"江雾"是合成词，"江"虽为平声，因节奏点在"雾"字处，故不用加长时间，与"雾"字各占半拍；韵脚拖腔。而另一个例子：

不	知	何	处	吹	芦	管，
bat7	dzi1	ho4	tsy3	tsoey1	lou4	gun2
仄	平	平	仄	平	平	仄
\	\/-	\	\	\/	\	\

结构为 2-2-1-2，第一个节奏点的末字"知"是平声，拖长一拍；而"吹"字单独作为第三个节奏点，占一拍；"芦管"是合成词，每字各占半拍。节奏点与文辞意义的紧密结合能够极大提升吟诵的美感，达到以声传情、声情并茂的效果。

再次，粤语方言本身具有一些特殊现象，在吟诵的时候也需要加以注意。

1. 某些字有文、白异读。所谓文读，就是读书识字所使用的语音；所谓白读，就是日常说话所使用的语音。如"轻"字，文读为"hing1"，白读为"heng1"。又如"听"字，文读为"ting1",白读为"teng1"。分春馆的吟诵则一律使用文读。

2. 某些字有多个意义，在普通话中读音相同，在粤语中则用不同的读音加以区分。如"上"字，在表示由低到高的意义时，读"soeng5"（阳上）；加在名词的后面表示在物体的表面时，读"soeng6"（阳去）。又如"松"字，作为植物名时读"tsung4"（阳平），表示稀散、不紧密的意义时读"sung1"（阴平）。

3. 某些字有变调读音。如"院"字读为"jyn6-2"，就是本来为阳去音，变调为阴上音。又如"蝶"字读为"dip9-2"，本来为阳入音，变调为阴上音。分春馆的吟诵也注意到了这些细节方面的处理。

粤语吟诵的风格特色——以吕君忾先生为例

吴晓蔓 袁嘉琪

摘要：在粤语吟诵基本调的基础上，充分适当地使用倚音，恰到好处地运用辅音，以休止的方式强调入声，构成了吕君忾先生独特的吟诵风格。而这些在基本调上加以的细节处理，完全以粤语方言的自然读音为依据，在诗词吟诵的传情达意方面起到了积极的作用。

关键词：粤语；吟诵；吕君忾

　　岭南地区诗词吟诵的传统源远流长，分春馆粤语吟诵是由岭南词人朱庸斋先生传承和推广的使用粤语方言（广州话）的吟诵流派。与全国其他方言区的传统吟诵相同，分春馆粤语吟诵在音调高低上遵循"依字行腔"的原则，根据粤语方言自身的特点以"平声定音法"决定平声字的音调，仄声字采用自然发音；在节奏长短上则遵循"因声使气"，平长仄短的规律。① 根据上述法则可以得出粤语吟诵的基本旋律（基本调），每位吟诵者的基本调大致相同。然而，由于个人性格、阅历以及对诗词内容理解的不同，在基本调的基础上对吟诵细节的处理因人而异，由此造就了个人吟诵的风格特色。

　　吕君忾先生为朱庸斋嫡传弟子，承传为分春馆掌门人，中山大学中国古文献研究所特聘研究员，广州诗社副社长，中华吟诵学会专家委员、副理事，粤语吟诵代表人物。笔者于2007年向吕先生请教和学习粤语吟诵，并于2012年12月开始采录其粤语吟

作者简介：吴晓蔓（1979— ），女，江苏南京人，广东工业大学副教授，中山大学文学博士，主要从事中国古典诗歌文献研究。
袁嘉琪（2000— ），女，广东广州人，华南师范大学文学院学生。
① 以上内容参见拙作《分春馆粤语吟诵的基本规律》。

诵的音频资料。经过研究之后发现，吕先生独特的吟诵风格，主要体现在倚音、辅音的使用与对入声字的特别强调之中。

一、对倚音的运用

倚音是音乐学当中的乐理概念，本来指倚附在主音前后的装饰音，在演唱或演奏时不占用主音的节拍，时值短促。吕先生在吟诵中借用了这一概念，则源自于中国汉字的发音特点。绝大部分的汉字读音都由声母和韵母拼合而成，快读起来是一个音，慢读起来其实却是两个音。粤语吟诵中所谓的倚音，"就是有意把声母和韵母拆分开来，各给以一定的时效"①。如粤语中的阳平声，快读时发 C 调的 5 音，慢读时可以拆分为 7 5 两个音；粤语中的阴平声，快读时发 C 调的 2 音，慢读时可以拆分为 4 2 或者 5 2 两个音。

倚音在吟诵中的适当运用能够达到三方面的效果：

1.使平声跌宕变化，仄声发音自然，平、仄之间的过渡平滑流畅。如李煜《虞美人》中的句子，吟诵基本调为：

2 5 5 7 0 1	2 5	7
雕 栏 玉 砌 应	犹	在
diu1 laan4 juk9 tsai3 jing1	jau4	dzoi6
平 平 仄 仄 平	平	仄

基本调的主要特点是一字一音，若通篇如此处理则未免平淡乏味。加上倚音之后的效果则为：

---

① 见吕君忾对拙作《分春馆粤语吟诵的基本规律》的《几点补充意见》手稿，未发表。

```
2  7 5  5  7 0 1      5 2 7 5  7①
雕   栏  玉   砌   应   犹   在
diu1 laan4 juk9 tsai3 jing1 jau4 dzoi6
平    平    仄    仄    平    平    仄
```

经过这样的处理之后,原本音调平直的平声字产生了跌宕起伏的效果,使吟诵调的旋律更加婉转多变,而所有的变化都是以原有的自然读音为依据的。又如李白《早发白帝城》中的句子,吟诵基本调为:

```
2   5 5  7 0 1    1#    5    2—
朝   辞  白   帝   彩   云   间
dziu1 tsi4 baak9 dai3 tsoi2 wan4 gaan1
平    平    仄    仄    仄    平    平
```

加上倚音之后的效果则为:

```
2 7 5 5  7 0 1    1 2 7 5  5   2—
朝   辞  白   帝   彩   云   间
dziu1 tsi4 baak9 dai3 tsoi2 wan4 gaan1
平    平    仄    仄    仄    平    平
```

在这个例子中,倚音不仅使平声字产生跌宕变化,而且很好地解决了上声字"彩"的音调问题。因为在粤语方言的自然读音中,"彩"字的音高大致对应于 C 调中的 $1^\#$,它比 1 音高半个音阶,又比 2 音低半个音阶。假如用一字一音的基本调来记谱的话,必须加上升调或者降调符号,这不仅烦琐不易操作,而且无法体现上声高昂上扬的声调特点。而使用倚音 12,使其在两音之间流畅过渡,则解决了上述的各种问题,而与原来

---

① 本文所引例证均为吕君忾先生记谱,下略。

的自然读音非常接近了。此外，在这个例子中，平声字"云"使用倚音 $\underline{7}$ $\underline{5}$，也使它与前面仄声字的衔接更加平滑圆润。又如基本调：

1	$\underline{7}$	5	2 2 5	$\underline{2\ 0}$ $\underline{7}$	0
两	岸	猿	声 啼	不	住
loeng5	ngon6	jyn4	sing1 tai4	bat7	dzy6
仄	仄	平	平 平	仄	仄

加上倚音之后为：

1	$\underline{7\ 6}$	$\underline{5}\ \underline{5}$	2 2 5	$\underline{2\ 0}$ $\underline{7}$	0
两	岸	猿	声 啼	不	住
loeng5	ngon6	jyn4	sing1 tai4	bat7	dzy6
仄	仄	平	平 平	仄	仄

仄声字"岸"在加上了倚音之后，与平声字"猿"的过渡也更加流畅了。又如李商隐《无题》中的句子，基本调为：

2	1	$\underline{5}$	$\underline{5}\ 5$	$\underline{7\ 0}$ $\underline{7\ 0}$	$\underline{5}$	5—
相	见	时	难	别 亦	难	
soeng1	gin3	si4	naan4	bit9 jik9	naan4	
平	仄	平	平	仄 仄	平	

加上倚音后为：

$\underline{5\ 2}$	$\underline{1\ 2}$	$\underline{7}\ \underline{5}\ 5$	$\underline{5}$	$\underline{7\ 0}$ $\underline{7\ 0}$	$\underline{7}$	5—
相	见	时 难	别	亦	难	
soeng1	gin3	si4 naan4	bit9	jik9	naan4	
平	仄	平 平	仄	仄	平	

同样产生了跌宕起伏,声情润滑的效果。

2.倚音的第二个作用,是适应了韵脚拖腔的需要。清人沈德潜《说诗晬语》卷下云:"诗中韵脚,如大厦之有柱石,此处不牢,倾折立见。"[①]对于诗词中非常关键的韵脚,在吟诵中用拖腔的方式来处理。吕君忾先生在韵脚拖腔处使用的倚音具有明显的一致风格。如李商隐的《无题》:

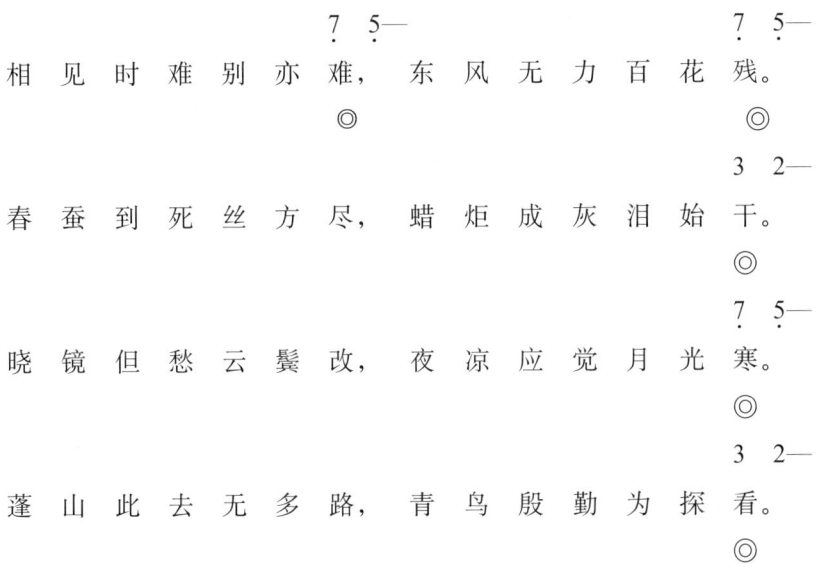

此为七律,仄起平收。三个阳平韵脚"难"、"残"、"寒"统一使用倚音7 5,两个阴平韵脚"干"、"看"统一使用倚音3 2。韵脚拖腔处统一风格的倚音运用能够从旋律上凸显古典诗词齐整和谐、回环复沓的形式美。又如秦观的《鹊桥仙》:

---

① [清] 沈德潜:《说诗晬语》卷下,247 页,北京:人民文学出版社,1979 年 9 月。

　　　　　　　　　　　　　　　　$\underline{6}\ \underline{6}\ \underline{5}—$
纤 云 弄 巧， 飞 星 传 恨， 银 汉 迢 迢 暗 渡。
　　　　　　　　　　　　　　　　　　　　△
　　　　　　　　　　　　　　　　　$\underline{6}\ \underline{6}\ \underline{5}—$
金 风 玉 露 一 相 逢， 便 胜 却、人 间 无 数。
　　　　　　　　　　　　　　　　　　　　△
　　　　　　　　　　　　　　　　$\underline{6}\ 1—$
柔 情 似 水， 佳 期 如 梦， 忍 顾 鹊 桥 归 路。
　　　　　　　　　　　　　　　　　　　　△
　　　　　　　　　　　　　　　　$\underline{6}\ \underline{6}\ \underline{5}—$
两 情 若 是 久 长 时， 又 岂 在、朝 朝 暮 暮。
　　　　　　　　　　　　　　　　　　　　△

此为仄韵词，在四个仄声韵脚中除了对"路"字的处理稍有变化之外，其他三个运用的倚音都是完全相同的。

　　3.倚音在吟诵中的适当运用还能够配合情感的抒发，达到以声传情，声情并茂的效果，而这一点，往往是与前面两点结合在一起的。如李煜的《虞美人》：

$\underline{2\ 7}\ \underline{5}\ 5\ \ \underline{7}\ \underline{0}\ 1\ \ \ \ \underline{5\ 2}\ \underline{7}\ \underline{5}\ \ \dot{7}$
雕　栏　玉　砌　应　犹　　在。
diu1　laan4　juk9　tsai3　jing1　jau4　dzoi6
平　　平　　仄　　仄　　平　　平　　仄

$\underline{1\ 2}\ \dot{7}\ \ \ \underline{2}\ \ \underline{7\ 5}\ \underline{2}\ 4\ 2$
只　　是　　朱　颜　　改。
dzi2　si6　dzy1　ngaan4　goi2
仄　　仄　　平　　平　　仄

附录：古典诗词粤语吟诵研究　255

$\underline{7\ 4}\ \underline{2\ 2}\ \underline{5}\quad \underline{1\ 7}\ \underline{1\ 2\ 2}\qquad \dot{7}\ \dot{5}—$
问　君　能　有　几　多　愁。
man6 gwan1 nang4 jau5 gei2 do1 sau4
仄　平　平　仄　仄　平　平

$\underline{5\ 0}\ 4\quad \underline{5\ 0}\ \underline{5\ 5}\ 5\quad \underline{5\ \ 4}\ \underline{2}\ \underline{1\ 7}\ \underline{2}\qquad \dot{7}\ \dot{5}—$
恰　似　一　江　春　水　向　东　流。
hap7 tsi5 jat7 gong1 tsoen1 soey2 hoeng3 dung1 lau4
仄　仄　仄　平　平　仄　仄　平　平

在这个例子中，"改"字运用了 $\underline{2\ 4\ 2}$ 的倚音，这不仅与上声字的自然读音相吻合，适应了韵脚拖腔的需要，更重要的是其中曲折的旋律很好地传达和再现了李后主阅尽沧桑之后对于物是人非的感慨，从而揭示出自然的永恒与世事无常之间巨大的反差矛盾。而结尾处的"水"字不仅运用了倚音 $\underline{4\ 2}$，更是打破平长仄短的一般规律，给予一拍半的时效，李后主那仿佛滔滔江水般无边无际，无穷无尽的家国之痛，也在倚音的旋律中自然流淌了出来。清人屈大均形容粤俗歌诗云："曼节长声，自回自复，不肯一往而尽"①，大概就是这样的效果了。又如杜甫的《登高》：

$\underline{2\ 0}\ \underline{7\ 6}\ \underline{5}\quad \underline{5\ 2}\ \underline{1\ 2}\ \underline{1\ 2}\ \underline{7}\ \underline{5}$
不　尽　长　江　滚　滚　来。
bat7 dzoen6 tsoeng4 gong1 gwan2 gwan2 loi4
仄　仄　平　平　仄　仄　平

运用倚音 $\underline{1\ 2\ 1\ 2}$ 的起伏模仿江水奔流东下，浪涛汹涌的神韵，这种处理方式也是非常精彩的。

---

① [清] 屈大均《广东新语》卷十二《诗语》，广州：广东人民出版社，1991 年，318 页。

二、对平声字辅音的使用

粤语吟诵以"平声定音法"确定平声字的音调,在押平韵的诗词中,最低音阳平以 C 调 5 定音,最高音阴平以 2 定音;在押仄韵的诗词中,最低音阳平以 C 调 3 定音,最高音阴平以 3 定音。吕先生在平韵诗词中以阴平 5 为辅音,仄韵诗词中以阳平 5 为辅音,其实是人为地拉宽和缩窄了两者的音程,如下图所示①:

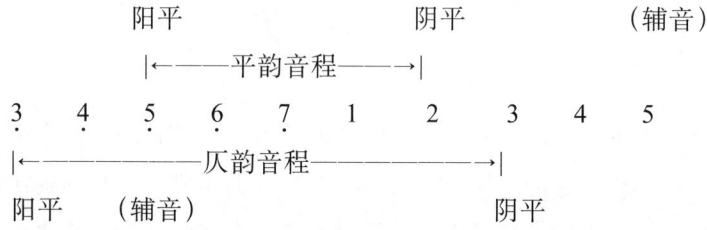

在吟诵中恰到好处地使用辅音可以达到凸显强调、画龙点睛的效果。如李煜的《虞美人》:

5	5	5 5 4 2 0	5	5	7 1 1	7	5	5	1 2
春	花	秋 月 何	时	了。	往 事	知	多	少。	
tsoen1	faa1	tsau1 jyt9 ho4	si4	liu5	wong5 si6	dzi1	do1	siu2	
平	平	平 仄 平	平	仄	仄 仄	平	平	仄	

在这个例子中,"春""花""秋""知""多"都是阴平字,本来当以 C 调 2 定音。吕先生一律使用辅音 5,特意拉高音调,真如俞平伯在《读词偶得》中的评价"奇语劈空而下",有当头棒喝的警醒之效,从旋律上传神地再现了李后主但求速死,对于生命的决绝心态。又如李白《早发白帝城》:

---

① 见吕君忾对拙作《分春馆粤语吟诵的基本规律》的《几点补充意见》手稿,未发表。

```
5  5  4  2   1   1    7 6  5    5  2 —
轻  舟  已  过   万   重    山。
hing1 dzau1 ji5 gwo3 maan6 tsung4 saan1
平   平   仄  仄   仄   平    平
```

在整首诗的阴平字中，只有"轻"字使用了辅音 5，这也是全篇诗眼所在，拉高的音调突显了作者遇赦放还后的轻松、喜悦心情。又如秦观《鹊桥仙》：

```
7 2  7     7 0 3  5 3   6    1 —
忍  顾     鹊 桥   归    路。
jan2 gu3  dzoek8 kiu4  gwai1 lou6
仄   仄    仄    平    平    仄
```

此为仄韵词，在全篇的阳平字中，也只有"桥"字使用了辅音 5，实为全篇感情的最低谷，表现出急转直下的惆怅怨叹，与煞拍振起的超脱达观形成鲜明的对比。

三、特别强调对于入声字的处理

粤语方言（广州话）得天独厚地保留了中古后期的汉语发音，声调中不仅有入声，而且可细分为阴入、中入、阳入三种类型。中国古典诗词中，短促、收敛的入声字在传情达意方面往往起着关键的作用。而粤语吟诵对入声字的处理，通常使用休止符，把时长截短为原来节拍的一半。如李煜的《虞美人》：

```
1  1 0  4 0 4 2   2 5    1 2  7 0 5   5  2
故 国   不 堪 回   首     月   明 中。
gu3 gwok8 bat7 ham1 wui4 sau2 jyt9 ming4 dzung1
仄  仄   仄   平   平    仄   仄    平    平
```

在这个例子中,"国""不""月"为入声字,一律使用休止符,截短为四分之一拍,吻合入声字的声调特点。短促急收的旋律传达出繁华消歇,不堪回首的痛苦和悲哀。三个入声字字泣血,宛如从心中滴出。又如李白《早发白帝城》:

2	1 7	2 7 5	5	2 0 7 0	7	5—
千	里	江 陵	一	日	还	
tsin1	lei5	gong1 ling4	jat7	jat9	waan4	
平	仄	平 平	仄	仄	平	

"一"、"日"两入声连用,一律使用休止符,从旋律上表达了顺风扬帆,瞬息千里的迫切心情。

结语

综上所述,在粤语吟诵基本调的基础上,充分适当地使用倚音,恰到好处地运用辅音,以休止的方式强调入声,构成了吕君忾先生独特的吟诵风格。而这些在基本调上加以的细节处理,完全以粤语方言的自然读音为依据,在诗词吟诵的传情达意方面起到了积极的作用。

论分春馆粤语吟诵对词韵拖腔的处理

吴晓蔓 袁嘉琪

摘要：分春馆粤语吟诵以拖腔的方法强调和凸显词中韵脚，根据不同的押韵类型有各种灵活的处理方式。在平韵格与押上声、去声韵的仄韵格中，使用风格统一的倚音拖腔，体现诗词的齐整美感与声调的自然特点。在押入声韵的词中，根据情感变化，休止符与拖腔交错相间。在平仄转换格和平仄错叶格中，通过韵脚倚音的巧妙安排，达到平仄之间的自然过渡。

关键词：粤语；吟诵；韵脚；拖腔

  岭南地区诗词吟诵的传统源远流长。分春馆粤语吟诵是由岭南词人、分春馆主人朱庸斋先生传承和推广的使用粤语方言（广州话）的吟诵流派。笔者于2007年向分春馆门人吕君忾先生、陈永正先生请教和学习粤语吟诵，并于2012年12月开始采录吕君忾先生对清人舒梦兰《白香词谱》例词100首的吟诵录音。经过研究之后发现，分春馆粤语吟诵在韵脚处一般使用拖腔，而且对词中不同的押韵类型采用了各种灵活的处理方式。

  清人沈德潜《说诗晬语》卷下云："诗中韵脚，如大厦之有柱石，此处不牢，倾折立见。"[①]对于诗词中起关键作用的韵脚，粤语吟诵一般用拖腔的方法来突显和强调。龙榆生先生在《唐宋词格律》中根据押韵类型将词牌分成五种：平韵格、仄韵格、平仄通叶格、平仄转换格和平仄

作者简介：吴晓蔓（1979— ），女，江苏南京人，广东工业大学副教授，中山大学文学博士，主要从事中国古典诗歌文献研究。
袁嘉琪（2000— ），女，广东广州人，华南师范大学文学院学生。
① [清]沈德潜：《说诗晬语》卷下，北京：人民文学出版社，1979年9月，247页。

错叶格。对于这些不同的类型，粤语吟诵的拖腔有各种灵活的处理方式。

一、平韵格

粤语吟诵在音调高低上遵循"依字行腔"的规律，以"平声定音法"确定平声字的音调。在押平韵的诗词中，最低音阳平以 C 调 5 定音，最高音阴平以 2 定音，其他上、去、入各仄声采取自然发声法，不须强行匹配乐音。① 在平韵格中，平声字韵脚的音调同上。然而为了适应拖腔的需要，粤语吟诵在韵脚主音的基础上常常加入倚音的变化。

倚音是音乐学当中的乐理概念，本来指倚附在主音前后的装饰音，在演唱或演奏时不占用主音的节拍，时值短促。粤语吟诵借用了这一概念，则源自中国汉字的发音特点。绝大部分的汉字读音都由声母和韵母拼合而成，快读起来是一个音，慢读起来其实却是两个音。粤语吟诵中所谓的倚音，"就是有意把声母和韵母拆分开来，各给以一定的时效"②。如粤语中的阳平声，快读时发 C 调的 5 音，慢读时可以拆分为 7 5 两个音；粤语中的阴平声，快读时发 C 调的 2 音，慢读时可以拆分为 4 2 或者 5 2 两个音。③

分春馆粤语吟诵在韵脚拖腔使用的倚音具有明显的一致风格。如《忆王孙》([宋] 李重元)：

　　　　　　　　　5 2—　　　　　　　　　　7 5—
萋 萋 芳 草 忆 王 孙。柳 外 楼 高 空 断 魂。
　　　　　　　　　　◎　　　　　　　　　　　◎

　　　　7 5—　　　　5 2—　　　　　　　　　7 5—
杜 宇 声 声 不 忍 闻。欲 黄 昏。雨 打 梨 花 深 闭 门。
　　　　　　　◎　　　　　◎　　　　　　　　　◎

---

① 以上内容参见拙作《分春馆粤语吟诵的基本规律》。
② 见吕君忾对拙作《分春馆粤语吟诵的基本规律》的《几点补充意见》手稿，未发表。
③ 以上内容参见拙作《粤语吟诵的风格特色——以吕君忾先生为例》。

此词五句，五平韵。三个阳平韵脚"魂""闻""门"统一使用倚音 $\underline{7}$ $\underline{5}$，两个阴平韵脚"孙""昏"统一使用倚音 $\underline{5}$ $\underline{2}$。韵脚拖腔处统一风格的倚音运用能够从旋律上凸显古典诗词齐整和谐、回环复沓的形式美。又如《醉太平》（[宋] 刘过）：

```
            5 2—              5 2—
情 高 意 真， 眉 长 鬓 青。
            ◎                ◎
            5 2—              5 2—
小 楼 明 月 调 筝。 写 春 风 数 声。
                  ◎                    ◎
            5 2—              7̣ 5̣—
思 君 忆 君， 魂 牵 梦 萦。
            ◎                ◎
            7̣ 5̣—              5 2—
翠 绡 香 暖 云 屏。 更 那 堪 酒 醒。
                  ◎                    ◎
```

此词双调，八平韵。阳平与阴平韵脚使用的倚音风格也是非常统一的。

二、仄韵格

仄韵格具体又可以细分为押上声、去声韵与押入声韵两种情况。

在第一种情况中，最低音阳平以 C 调 $\underline{3}$ 定音，最高音阴平以 3 定音，其他各仄声仍然采用自然发音。明僧释真空《玉钥匙歌诀》云"上声高呼猛烈强""去声分明哀远道"，可见上声、去声是具有升高、降低感觉的声调。为了强调和突显这些声调的特点，并且适应韵脚拖腔的需要，分春馆粤语吟诵仍然用统一风格的倚音来处理。如《鹊桥仙》（[宋]秦观）：

　　　　　　　　　　　　　　　　　$\underline{\dot{6}}\ \underline{\dot{6}}\ \underline{5}-$
纤　云　弄　巧，飞　星　传　恨，银　汉　迢　迢　暗　度。
　　　　　　　　　　　　　　　　　　　　　△
　　　　　　　　　　　　　　　　　$\underline{\dot{6}}\ \underline{\dot{6}}\ \underline{5}-$
金　风　玉　露　一　相　逢，便　胜　却、人　间　无　数。
　　　　　　　　　　　　　　　　　　　　　△
　　　　　　　　　　　　　　　　　$\underline{\dot{6}}\ \ 1-$
柔　情　似　水，佳　期　如　梦，忍　顾　鹊　桥　归　路。
　　　　　　　　　　　　　　　　　　　　　△
　　　　　　　　　　　　　　　　　$\underline{\dot{6}}\ \underline{\dot{6}}\ \underline{5}-$
两　情　若　是　久　长　时，又　岂　在、朝　朝　暮　暮。
　　　　　　　　　　　　　　　　　　　　　△

　　此词双调，上下片各两仄韵。除了对"路"字的处理稍有变化之外，另外三个去声韵脚一律使用倚音$\underline{\dot{6}}\ \underline{\dot{6}}\ \underline{5}$，由高至低的下降旋律吻合去声的声调特点，与原来的自然发音十分接近。

　　比较复杂的是押入声韵的情况。《玉钥匙歌诀》云"入声短促急收藏"，作为急促、收敛的入声，在声调特点上根本是与拉长的拖腔相矛盾的。为了解决这个矛盾，粤语吟诵采用了折中的处理方法。一方面，对多数入声韵脚使用休止符，将时长截短为原来节拍的一半，以强调其发音短促的特点；另一方面，在个别韵脚处使用拖腔，以配合情感的抒发。韵脚休止符与拖腔交错相间，完全根据词中情感的变化，而无一定之规。如《念奴娇》([宋] 苏轼)：

　　　　　　　　　　　　　　　　　$\underline{\dot{6}}\ \underline{\dot{6}}\ \underline{5}-$
大　江　东　去，浪　淘　尽、千　古　风　流　人　物。
　　　　　　　　　　　　　　　　　　　　　△

故垒西边，人道是、三国周郎赤壁。
　　　　　　　　　　　　　1 0
　　　　　　　　　　　　　△

乱石穿空，惊涛拍岸，卷起千堆雪。
　　　　　　　　　　　1 0
　　　　　　　　　　　△

　　　　　　　　　6 6 5—
江山如画，一时多少豪杰。
　　　　　　　　　△

遥想公瑾当年，小乔初嫁了，雄姿英发。
　　　　　　　　　　　　　1 0
　　　　　　　　　　　　　△

　　　　　　　　　　6 6 5—
羽扇纶巾，谈笑间、樯橹灰飞烟灭。
　　　　　　　　　　　　　△

　　　　　　　　　　1 0
故国神游，多情应笑我，早生华发。
　　　　　　　　　　△

　　　　　　6 6 5—
人生如梦，一尊还酹江月。
　　　　　　△

此词双调，上下片各四仄韵。起句韵脚"物"使用了拖腔，与开篇雄浑博大的意境、隐约深沉的感慨紧密配合。悠长的拖腔再现了江流浩荡、千古沧桑的时空背景，引人遐想。二、三句笔法收束，"赤壁"为地理名词，"千堆雪"咏眼前所见，故"壁"字、"雪"字使用休止符，回归入声字本色。第四句韵脚"杰"再次使用拖腔，不仅突出了由景物向人事的过渡，照应首句，而且引发了下文的抒情。下片首句为闲来之笔，"雄姿英发"点染周郎少年得志，意气风发的形象，"发"用休止符。二句"灰飞烟灭"回顾了火烧赤壁的大战场景，"灭"用拖腔，倾注了作者对周郎的由衷赞赏。三句"早生华发"反衬自身年老无为，"发"字使用休止符，不仅符合入声特点，也传达了作者内心的苦闷矛盾。尾句韵脚"月"使用拖腔，表达了作者苦闷中的超脱与精神上的飞扬，余音袅袅，不绝如缕。又如《桂枝香》([宋]王安石)：

$$\underline{1\ 0}\qquad\qquad\qquad\dot{6}\ \dot{6}\ 5-$$
登 临 纵 目， 正 故 国 晚 秋， 天 气 初 肃。
　　　△　　　　　　　　　　　　　　△

$$\qquad\qquad\qquad\underline{1\ 0}$$
千 里 澄 江 似 练， 翠 峰 如 簇。
　　　　　　　　　　　　　△

$$\qquad\qquad\qquad\qquad\qquad\underline{1\ 0}$$
征 帆 去 棹 残 阳 里， 背 西 风、 酒 旗 斜 矗。
　　　　　　　　　　　　　　　　　　△

$$\qquad\qquad\qquad\underline{1\ 0}$$
彩 舟 云 淡， 星 河 鹭 起， 画 图 难 足。
　　　　　　　　　　　　　　　△

$$\qquad\qquad\dot{6}\ \dot{6}\ 5-$$
念 往 昔、 豪 华 竞 逐。
　　　　　　　　△

$$\qquad\qquad\dot{6}\ \dot{6}\ 1-$$
叹 门 外 楼 头， 悲 恨 相 续。
　　　　　　　　　　△

$$\qquad\qquad\dot{6}\ \dot{6}\ 5-$$
千 古 凭 高 对 此， 漫 嗟 荣 辱。
　　　　　　　　　　　△

$$\underset{六\ 朝\ 旧\ 事\ 随\ 流\ 水,\ 但\ 寒\ 烟、\ 衰\ 草\ 凝\ 绿.}{\qquad\qquad\qquad\qquad\qquad\qquad\quad \dot{6}\ \dot{6}\ 1-\\ \qquad\qquad\qquad\qquad\qquad\qquad\qquad\qquad\quad △}$$

$$\underset{至\ 今\ 商\ 女,\ 时\ 时\ 犹\ 唱,\ 后\ 庭\ 遗\ 曲.}{\qquad\qquad\qquad\qquad\qquad\qquad 1\ 0\\ \qquad\qquad\qquad\qquad\qquad\qquad\quad △}$$

此词双调，上下片各五仄韵。上片写登临所见之景，下片抒登临所怀之感，故吟诵中上片韵脚多用休止符，强调入声特点，下片韵脚多用倚音拖腔，这也是与文辞情感的变化紧密相连的。

三、平仄通叶格

平仄通叶格对韵脚的处理方式同上平韵格或仄韵格，此略。

四、平仄转换格和平仄错叶格

对于平仄韵脚转换和错叶的情况，分春馆粤语吟诵有两种不同的处理方式。比较简单的方式是无论平韵仄韵，平声字一律以 C 调 5、2 定音，韵脚使用倚音拖腔。这种方式的缺点在于无法体现平仄韵脚变化所传递的感情起伏，韵味平淡。更复杂的方式是在押平韵的句子中，平声字以 C 调 5、2 定音；在押仄韵的句子中，平声字以 3、3 定音，通过韵脚倚音的巧妙安排，来达到平仄之间的自然过渡。如《清平乐》（[宋] 黄庭坚）：

3　3　$\dot{3}$　$\underline{1}$　1—　　$\dot{3}$　$\dot{3}$　$\dot{6}$　5—
春　归　何　处。　　　寂　寞　无　行　路。
　　　　　　△　　　　　　　　　△

$\dot{3}$　3　3　　　$\underline{1}$　1—　　3　3　$\dot{6}$　5—
若　有　人　知　春　去　处。　唤　取　归　来　同　住。
　　　　　　　　　△　　　　　　　　　　　　△

2 $\dot{5}$ 2	$\dot{5}$ 5 2— $\dot{5}$ 2	$\dot{5}$ $\dot{7}$ 5—
春 无 踪 迹	谁 知。除 非 问 取	黄 鹂。
	◎	◎
$\dot{5}$ $\dot{5}$ $\dot{5}$	2 2 2	$\dot{5}$ $\dot{7}$ 5—
百 啭 无 人	能 解。因 风 吹 过	蔷 薇。
		◎

此词双调，上片四仄韵，下片三平韵。上片最后一个韵脚"住"字巧妙地使用了倚音 $\underline{6\ 5}$，不仅体现了去声字的声调特点，其中的"5"音也为下片平韵句中的阳平字确定了音高。上片和下片由于韵脚性质的不同采用了不同的定音方法，过渡顺畅，在吟诵的传情达意方面起到了积极的作用。